ADÃO E EVA DEPOIS DA PÍLULA
Os paradoxos da Revolução Sexual

MARY EBERSTADT

ADÃO E EVA DEPOIS DA PÍLULA

Os paradoxos da Revolução Sexual

Tradução
Pedro Sette-Câmara

São Paulo
2019

Título original
Adam and Eve After the Pill: Paradoxes of the Sexual Revolution

Copyright © 2019 Ignatius Press

Capa de
Camila Lavôr

Dados Internacionais de Catalogação na Publicação (CIP)
(Câmara Brasileira do Livro, SP, Brasil)

Eberstadt, Mary
 Adão e Eva depois da pílula: os paradoxos da Revolução Sexual / Mary Eberstadt; tradução de Pedro Sette-Câmara – São Paulo : Quadrante, 2019.

 Título original: *Adam and Eve After the Pill: Paradoxes of the Sexual Revolution*.
 ISBN: 978-85-54991-24-1

 1. Comportamento sexual 2. Ética sexual 3. Revolução - Sexualidade 4. Sexo - Aspectos sociais I. Título.

19-25228   CDD-306.7

Índice para catálogo sistemático:
1. Comportamento sexual : Sociologia 306.7

Maria Alice Ferreira - Bibliotecária - CRB-8/7964

Todos os direitos reservados a
QUADRANTE EDITORA
Rua Bernardo da Veiga, 47 - Tel.: 3873-2270
CEP 01252-020 - São Paulo - SP
www.quadrante.com.br / info@quadrante.com.br

A meus professores de ontem e de hoje – incluindo o padre William A. Ryan, do Togo, e o finado Norman Kretzmann, professor de filosofia em Cornell.

Sumário

Introdução 9

1. O pano de fundo intelectual
   A vontade de não crer 21

2. O que a Revolução Sexual está fazendo com as mulheres?
   O que a mulher quer? 39

3. O que a Revolução Sexual está fazendo com os homens?
   Peter Pan e o peso da obscenidade 61

4. O que a Revolução Sexual está fazendo com as crianças?
   A «pedofilia chique» ontem e hoje 75

5. O que a Revolução Sexual está fazendo com os jovens adultos?
   O que fazer com a Universidade Tóxica? 89

6. A transvaloração dos valores
   Primeira parte: A comida é o novo sexo? 107

7. A transvaloração dos valores
   Segunda parte: A pornografia é o novo tabaco? 137

8. Confirmação da *Humanae vitae* 153

Epílogo 183

Agradecimentos 187

Introdução

A revista *Time* e Francis Fukuyama, Raquel Welch e uma série de papas, alguns dos principais cientistas do mundo e muitos outros aliados improváveis concordam: nenhum acontecimento desde que Eva aceitou a maçã teve tantas consequências para o relacionamento entre os sexos quanto o advento da contracepção moderna[1]. E há bons motivos para que eles estejam de acordo. Tornando inférteis, com quase 100% de precisão, as mulheres férteis, a pílula e outros artifícios semelhantes transformaram

---

(1) Nancy Gibbs, «The 50th Anniversary of the Pill: So Small. So Powerful. And So Misunderstood», matéria de capa da revista *Time*, 3 de maio de 2010; Raquel Welch, «It's Sex O'Clock in America», CNN Opinion, 7 de maio de 2010. Disponível em: <http://articles.cnn.com/2010-05-07/opinion/welch.sex.pill_1_baby-s-father-attitude-proliferation?_s=PM:OPINION>; Francis Fukuyama, *The Great Disruption: Human Nature and the Reconstitution of Social Order,* Free Press, Nova York, 1999, pág. 64. Cf. também as encíclicas papais *Casti connubii* (1930) e *Humanae vitae* (1968). Quanto aos cientistas que concordam com que a pílula possui singular importância, cf. Sharon Begley, «The Power of Big Ideas», *Newsweek,* 4 de janeiro de 1998, a respeito de uma eleição *online,* feita por cientistas, das invenções mais cruciais da história.

a vida e as famílias da grande maioria das pessoas que nasceram após sua invenção. A contracepção moderna não é apenas uma realidade de nosso tempo: ela talvez esteja mesmo em seu centro, no sentido de que é difícil pensar em qualquer outro marco cujas repercussões demográficas, sociais, comportamentais e pessoais tenham sido tão profundas.

Há muitas décadas, certas figuras prescientes vêm compreendendo isso. Não obstante a contracepção desperte hoje pouco interesse por parte da academia secular, sendo mais ou menos vista como fator corriqueiro, essa negligência nem sempre foi a regra. Já em 1929, por exemplo, o célebre analista social Walter Lippmann chamou a atenção para as consequências radicais de um controle confiável da natalidade, chegando até a concordar explicitamente com a Igreja Católica em seu clássico *Prefácio à moral*, no qual diz que a contracepção moderna é «a prática mais revolucionária da história da moral sexual»[2]. Em 2010, ano em que a pílula celebrou seu quinquagésimo aniversário, esse antigo veredito veio a ser corroborado pela enxurrada de reflexões sobre a data que afirmava as mudanças colossais, e ainda em andamento, produzidas pela esterilidade opcional e intencional das mulheres[3].

A revolução tecnológica da contracepção moderna, por sua vez, estimulou a «Revolução Sexual», cuja notoriedade foi igualmente ampla. Aqui, como alhures, ela é definida como a desestigmatização contínua de todas as variedades de atividade sexual extraconjugal em várias sociedades ao redor do mundo (destacando-se as mais avançadas), acompanhada de um agu-

---

(2) Walter Lippmann, *A Preface to Morals*, MacMillan, Nova York, 1929, pág. 291.

(3) Talvez o exemplo mais meticuloso na imprensa popular tenha sido a matéria «50th Anniversary of the Pill», escrita por Gibbs para a capa da revista *Time*.

INTRODUÇÃO 11

do aumento dessa atividade sexual mesma. E, ainda que os detalhistas profissionais possam tergiversar – e eles de fato o fazem – quando se trata daquilo em que consiste o vínculo entre esses dois acontecimentos portentosos, a relação geral de causa e efeito é bastante óbvia. É possível conceber a invenção da pílula sem a Revolução Sexual que se lhe seguiu, mas imaginar a Revolução Sexual sem a pílula e sem outros contraceptivos modernos é simplesmente impossível.

Assim como a revolução tecnológica que a provocou, essa Revolução Sexual também vem chamando a atenção dos analistas sociais há muito tempo. Em 1956, por exemplo, o renomado sociólogo Pitirim Sorokin, fundador do Departamento de Sociologia de Harvard, publicou um breve volume intitulado *A revolução sexual americana*[4]. Escrito para o grande público e muito debatido à época, o livro afirmava enfaticamente a ligação daquilo que Sorokin chamou de «liberdade sexual» ou «anarquia sexual» com uma longa lista do que lhe pareciam ser males sociais críticos, como o aumento nas taxas de divórcio e de ilegitimidade, filhos abandonados e negligenciados, o embrutecimento das artes superiores e inferiores e muito mais, incluindo o aparente crescimento de distúrbios mentais. «A obsessão pelo sexo», dizia Sorokin, hoje «nos bombardeia continuamente – do berço ao túmulo, de todos os pontos do espaço em que vivemos, a praticamente cada passo do que fazemos, sentimos e pensamos»[5].

Por volta da mesma época, outro célebre sociólogo de Harvard, Carle Zimmerman, publicou sua obra-prima de história

---

(4) Pitirim Sorokin, *The American Sex Revolution*, Porter Sargent, Boston, 1956. Cf., de modo especial, o capítulo segundo.

(5) *Idem, ibidem*, pág. 54.

e sociologia: *Família e civilização*[6]. Apesar de não se ocupar tão imediatamente da Revolução Sexual quanto o fizera Sorokin, cujo texto tinha caráter mais popular, a obra de Zimmerman também opõe críticas óbvias (ainda que tácitas) às mudanças sociais desencadeadas pela contracepção moderna. Por diversas vezes, *Família e civilização* associou os declínios da civilização a traços do que o autor denominava «família atomística», incluindo o aumento das taxas de divórcio, a delinquência juvenil e o abandono dos filhos e outras responsabilidades familiares. Esses eram traços da sociedade moderna cuja malignidade Zimmerman, assim como Sorokin (e muitos outros à época), julgava autoevidente. «Os Estados Unidos», concluía, «chegarão, entre agora [1947] e o final deste século, aos estágios derradeiros de uma grande crise na família», crise «idêntica em natureza às duas crises anteriores na Grécia e em Roma»[7].

Não é preciso ser sociólogo de Harvard para perceber que a separação tecnológica entre natureza e cultura modificou alguns dos vínculos mais elementares entre os seres humanos. Contudo, é inegável que a atmosfera dos debates sobre essas mudanças se alterou radicalmente entre nossa época e meados do século XX. Aquilo que Zimmerman julgava ter liberdade para dizer na década de 1940 – e Sorokin, na de 1950 – a respeito do lado negativo da mudança de costumes não é o tipo de coisa que a grande maioria das pessoas julga ter liberdade para dizer acerca do alterado código moral de hoje, a menos que pretendam ser desprezados como fanáticos religiosos ou como

---

(6) Carle C. Zimmerman, *Family and Civilization*, Henry Holt, Nova York, 1947. Cf. também a reimpressão editada por James Kurth (ISI Books, Wilmington, 2008). As citações subsequentes referem-se à edição da ISI Books.

(7) *Idem, ibidem*, pág. 274.

INTRODUÇÃO 13

piada do dia na blogosfera. Mais uma vez, como demonstrado pelas celebrações do quinquagésimo aniversário da pílula, a Revolução Sexual não é hoje apenas um fato consumado para a vasta maioria dos homens e mulheres modernos; trata-se também de um fato que muitas pessoas acolhem de bom grado. Nesses primeiros cinquenta anos desde a aprovação da pílula, é inquestionável que foram os liberacionistas, e não os tradicionalistas, que escreveram o legado público da Revolução Sexual no Ocidente.

Segundo a laudatória interpretação-padrão, a Revolução Sexual foi uma bênção quase irrestrita para toda a humanidade. Junto com seu plano permanente de *backup*, o aborto, ela livrou as mulheres da escravidão de sua fertilidade, abrindo caminho para oportunidades pessoais e profissionais de que não poderiam desfrutar antes. Muitos diriam que libertou também os homens de seus antigos grilhões – em especial, o de ter de assumir a responsabilidade pelas mulheres com quem tinham relação sexual e/ou pelos filhos resultantes disso. Também, segundo outros, teria enriquecido as crianças, facilitando a limitação do tamanho da família e dividindo, portanto, o bolo da renda e da atenção dos familiares entre menos requerentes. «Ao meu ver», no resumo feito por um historiador moderno, «não pode haver dúvidas de que a Revolução Sexual dos anos 1960 e 1970 aumentou, como um todo, a qualidade de vida da maior parte dos americanos»[8].

O que este livro afirma é que essas interpretações benevolentes da história estão equivocadas, isto é, que elas se revelam

---

(8) David Allyn, *Make Love, Not War. The Sexual Revolution: An Unfettered History*, Routledge, Nova York, 2001, pág. ix.

criticamente incompletas quando cotejadas com o peso das evidências que hoje temos diante dos olhos.

* * *

A respeito dos frutos da Revolução Sexual, os capítulos a seguir contam uma versão diferente da versão panglossiana que se tornou padrão. Partindo de ângulos distintos, eles examinam um vasto corpo de dados empíricos e bibliográficos, entre outros, referentes ao que de fato aconteceu quando a cultura se divorciou da natureza de maneira até então inaudita. Meu objetivo nestas páginas é entender de modo novo alguns dos efeitos colaterais do nosso mundo pós-pílula, esclarecendo aquilo que Sorokin, de maneira provocante e provavelmente acertada, declarou ser uma revolução «de maior alcance do que quase todas as outras, excetuadas, talvez, aquelas revoluções totais, como a russa»[9].

As evidências que se apresentam nos capítulos a seguir me parecem confirmar perfeitamente duas proposições que são – ou deveriam ser – assaz perturbadoras para pessoas sérias: primeiro, e contrariando o que se convencionou dizer, a Revolução Sexual revelou-se um desastre para muitos homens e mulheres; depois, ela pesou mais sobre os ombros menores e mais fracos da sociedade, ao mesmo tempo que deu mais força aos que já eram os mais fortes e mais predatórios. Há décadas, e sem que as pessoas que estão contando a história aparentemente o percebam, vem sendo elaborado um registro dos custos reais que se têm acumulado desde que a procriação se apartou de maneira bastante eficiente do comportamento sexual. Trata-se de um registro hoje

---

(9) Pitirim Sorokin, *The American Sex Revolution*, pág. 14.

INTRODUÇÃO 15

rico em detalhes e extraído de várias fontes, desde as ciências sociais – especialmente a psicologia e a sociologia – até alguns relatos, mais microscópicos, das consequências reais e permanentes da Revolução em muitas vidas. Qual um mosaico, esse registro também é revelador e esclarecedor de várias maneiras distintas, a depender do ângulo que escolhamos para observá-lo.

Revelar esse mosaico é a substância deste livro. O capítulo 1 trata do pano de fundo intelectual e secular herdado dos tumultuados anos 1960. Há décadas, diz o capítulo, os acadêmicos e outras autoridades culturais vêm recebendo com negação profunda, arraigada e persistente os efeitos empíricos negativos da Revolução Sexual, ainda que eles sejam óbvios. Tão determinada é essa negação que merece ser comparada à negação entre os intelectuais ocidentais que caracterizou o último grande debate a ter décadas de duração – a saber, aquele a respeito da Guerra Fria. Por isso, seu subtítulo é «A vontade de não crer», que tira seu nome de um famoso ensaio acerca da negação intelectual experimentada no meio desse debate pregresso. O início deste livro examina, pois, os indícios dessa negação e suas prováveis razões.

Em seguida, esta obra passa da teoria como que ao mundo concreto, a fim de examinar os efeitos da Revolução Sexual em seres humanos reais: mulheres, crianças e homens. O capítulo «O que a Revolução Sexual está fazendo com as mulheres? *O que a mulher quer?*», que examina o que os textos da moda tendem a dizer sobre mulheres e casamento, desenterra os temas onipresentes da raiva e da perda que subjazem grande parte do que se escreve hoje sobre as relações amorosas. Esse capítulo inclui uma reflexão sobre a bibliografia sociológica mais recente a debater o «paradoxo do declínio da felicidade feminina», isto é, a inexplicável lacuna que há entre a liberdade sem precedentes de que as mulheres gozam hoje e o aumento simultâneo, segundo os índices trazidos pelas ciências sociais, de sua infelicidade. O fato de as mulheres suportarem de maneira desproporcional o fardo da Revolução Sexual talvez explique, como afirmo no capítulo, esse paradoxo ainda não elucidado.

O capítulo seguinte, «O que a Revolução Sexual está fazendo com os homens? *Peter Pan e o peso da obscenidade*», examina mais efeitos paradoxais da Revolução. Se a ampla disponibilidade da contracepção e do aborto isentou os homens de se tornarem maridos e pais, também desencadeou, em muitos, uma problemática fase de adolescência prolongada – aquilo que a socióloga Kay S. Hymowitz perspicazmente denominou «pré--adultícia»[10]. Em seguida, vem outra consequência paradoxal da liberação sexual: a disseminação da pornografia numa escala e verossimilhança jamais vistas. O capítulo cita trabalhos interessantes e recentes de psicólogos, psiquiatras e sociólogos, bem como de outros especialistas, a respeito de uma série de assuntos relacionados à pornografia virtual: o grande aumento do vício em materiais do gênero, os indícios de graves problemas psicológicos nos viciados, o efeito assustador da pornografia na vida pública e outros indicadores de danos sociais.

O capítulo 4, «O que a Revolução Sexual está fazendo com as crianças? *A "pedofilia chique", ontem e hoje*», trata de um legado particularmente perturbador da liberação sexual: o ataque perpetrado desde os anos 1960 contra o tabu da sedução e do abuso sexual de menores. O capítulo afirma que os escândalos

---

(10) Cf. Kay S. Hymowitz, *Manning Up: How the Rise of Women Has Turned Men into Boys*, Basic Boys, Nova York, 2011.

INTRODUÇÃO   17

sexuais entre padres e meninos que vieram à tona em 2002 – e que provocaram, no Ocidente, ampla repulsa contra essas repetidas violações do tabu do sexo com menores – tiveram o irônico efeito de interromper essa tendência profundamente destrutiva de outrora. O interessante é que isso torna o tabu do sexo com crianças o único daqueles considerados neste livro em que foi demonstrada alguma «reversão» da Revolução Sexual.

O capítulo 5, «O que a Revolução Sexual está fazendo com os jovens adultos? *O que fazer com a Universidade Tóxica?*», examina detalhadamente aquilo que talvez esteja na base da Revolução Sexual hoje: o *campus* secular americano. Valendo-se de fontes que vão desde as ciências sociais até a cultura popular, o capítulo esmiúça os ingredientes da tóxica mistura social que a Revolução Sexual possibilitou nas faculdades. Os ferozes índices, hoje documentados em muitos *campi*, de estupros, sexo casual e bebedeiras descendem diretamente, segundo o capítulo, da Revolução Sexual, que teve como uma de suas premissas centrais que as mulheres podem e devem estar sexualmente disponíveis em nome da liberação – o que, traduzido na realidade do *campus* moderno, capacitou e exonerou como nunca os assediadores.

Os capítulos 6 e 7 voltam a um plano mais abstrato a fim de examinar outras transformações sociais produzidas pela Revolução – em particular, seu efeito sobre os costumes. Eles se concentram naquilo que Friedrich Nietzsche denominou «transvaloração dos valores», com o que se referia aos modos pelos quais o código moral se transformaria numa ordem social não mais centrada na tradição judaico-cristã. Essa transvaloração, afirmo eu, está sendo desencadeada pela Revolução de maneiras que só estamos começando a entender. O capítulo 6, cujo subtítulo é «A comida é o novo sexo?», propõe que a moralidade outrora associada ao comportamento sexual foi transferida para um substituto improvável mas fascinante: as questões alimentares. O capítulo 7, que leva como subtítulo «A pornografia é o novo tabaco?», também mapeia as impressionantes semelhanças entre as atitudes progressistas do passado em relação a uma substância amplamente aceita – o tabaco – e as atitudes progressistas de hoje em relação à pornografia.

O capítulo final do livro examina aquele que pode ser o maior de todos os paradoxos gerados pela colisão entre a Revolução Sexual e a natureza humana propriamente dita. «Confirmação da *Humanae vitae*» analisa as notáveis previsões que esse documento de caráter decisivo realizou apenas poucos anos depois do surgimento da pílula e volta-se para uma grande ironia histórica: a de que um dos documentos mais vilipendiados dos tempos modernos, no qual encontramos a reiteração do ensinamento moral tradicional por parte da Igreja Católica, acabou por se tornar o mais profético em seu entendimento das mudanças acarretadas pela Revolução. Meio século após a Revolução Sexual, cada previsão de Paulo VI vem se confirmando, não obstante a doutrina cristã contra a contracepção artificial venha sendo atacada por seus adversários e abandonada, como nunca, pelos próprios cristãos.

* * *

Uma observação final. Esses capítulos são de fato reflexões: não se trata de manifestos, nem de discurseiras, nem de um guia para o ativismo. Minha esperança é a de que os leitores venham a eles com o mesmo espírito com que as páginas a seguir foram escritas: o de procurar entender, sinceramente e sem qualquer santimônia, algo dos efeitos multiformes e inauditos daquela que ainda poderá se revelar a revolução social mais impactante de todos os tempos.

1.

O pano de fundo intelectual
A vontade de não crer

Imagine por um instante que o mundo está vivendo segundo um conjunto de ideias cujas consequências econômicas, sociais e morais são manifestamente terríveis. Imagine, ademais, que uma das coisas mais óbvias *no mundo* é o impacto negativo dessas ideias sobre aqueles que vivem de acordo com elas – e é por isso que alguns estudiosos trabalharam muito, e por muito tempo, para acumular dados empíricos a respeito de sua influência, revelando os diversos motivos pelos quais elas são prejudiciais aos seres humanos.

Agora imagine algo mais. Imagine que, não obstante as evidências empíricas dos custos humanos dessas ideias perniciosas, bastante gente, incluindo muitos, ou até a maior parte, dos intelectuais mais destacados, ignora esses fatos problemáticos. Alguns simplesmente negam os dados. Outros contentam-se em dizer que são artefatos de alguma coisa – de qualquer coisa, menos das más ideias em questão. Outras pessoas, talvez de todas as mais perversas, afirmam ainda que as consequências dessas ideias são na verdade *boas*: talvez *pareçam* ruins para almas pouco esclarecidas, mas fazem total sentido assim que sua consciência é posta na direção certa.

Se parece inacreditável que pessoas aparentemente sensatas, com estudo, munidas de evidências empíricas condenatórias, prefiram ignorá-las a mudar de opinião, tenha certeza de que não é. Na verdade, essa imagem da recusa intelectual expressa à perfeição o que vem acontecendo há décadas com os intelectuais das regiões mais avançadas do Ocidente, ao menos no que diz respeito a um assunto não desprovido de consequências e que se resolveu mais ou menos à época em que a maioria dos universitários de hoje nasceu.

Trata-se, é claro, da Guerra Fria. Por incrível que pareça em retrospecto, até mesmo para os que testemunharam alguns daqueles anos, as questões morais da Guerra Fria permaneceram controversas nos círculos intelectuais mais elevados, de modo especial nos *campi* americanos, até aproximadamente dois segundos antes de o Muro de Berlim cair. Sim: mesmo que isso pareça inacreditável, e apesar de a maioria de todos os habitantes do planeta saber muito bem o que achar do comunismo, sobretudo aqueles que tiveram a infelicidade de viver nele, nas décadas anteriores a 1989 não houve unanimidade intelectual no Ocidente sobre se as ideias e os governos comunistas foram mesmo um desastre humano.

Na realidade, na medida em que havia alguma opinião da elite sobre o assunto, ela se contrapunha à da maioria. Sobretudo nas universidades, e de modo especial nas universidades de elite, os departamentos de Ciência Política e de Políticas Públicas

1. O PANO DE FUNDO INTELECTUAL

eram dominados por ramos daquilo que se chamava «antianticomunismo» – noutras palavras, pela ideia de que ser contra o comunismo era de algum modo pior do que ser a favor dele.

Por mais espantoso que isso hoje pareça, certos professores e intelectuais foram, durante a luta ocidental contra o comunismo, escancaradamente marxistas. Outros alimentaram uma visão mais nuançada. Afirmavam que, independentemente do que os comunistas estivessem fazendo, os capitalistas e os governos do Ocidente eram igualmente ruins, ou talvez até piores. Essa linha de raciocínio veio a ser chamada (e também abominada) pelos críticos anticomunistas de «equivalência moral». Naturalmente, o mais importante aqui é a palavra «equivalência», que na melhor das hipóteses parte do princípio de que os comunistas eram tão maus quanto nós. A verdade, no entanto, é que muitos críticos do capitalismo ocidental não achavam que os sistemas tivessem qualquer equivalência no plano moral. Para eles, estava claro que o comunismo era superior.

Outros estudiosos e intelectuais a se posicionarem contra esse anticomunismo supostamente tacanho pensavam de maneira ainda diversa. Eles declaravam que a Guerra Fria não passava de um «falso constructo», querendo dizer com isso que as diferenças entre o comunismo e o capitalismo eram mais superficiais do que pareciam. Um subconjunto dessa linha de raciocínio recebeu o nome de «teoria da convergência», segundo a qual os Estados Unidos e a União Soviética, apesar das aparências, na verdade agiam de maneira cada vez mais parecida entre si.

Certa feita, cursei na universidade uma matéria muito sofisticada, cujo professor estava extremamente convencido dessa linha de pensamento. O ano era 1979, o mesmo em que, no período do Natal, quarenta mil soldados e oficiais soviéticos marcharam Afeganistão adentro e iniciaram uma guerra contra os civis que ainda hoje se distingue por sua ferocidade gratuita contra os inocentes. Todavia, nem acontecimentos assim serviram para mudar as ideias dessa gente requintada, determinada como era a ignorar as evidências da época e a obedecer ao tácito imperativo de declarar que os Estados Unidos estavam do lado errado. Se alguém perguntasse à maior parte dos intelectuais e professores de então se a Guerra Fria era moralmente cristalina e se o comunismo gerava ou não gerava miséria em escala jamais vista, testemunharia uma mistura das respostas que acabo de descrever, variando, pois, entre a negação, a negação enfática e a negação irredutível.

Em retrospecto, essa perversidade incrível, esse ato, de outro modo inexplicável, de abdicação da inteligência, foi mais do que uma epidemia de pobreza intelectual. Tratou-se, na verdade, de um dos traços definidores da Guerra Fria. A negação, na *intelligentsia* ocidental, se estendeu de Seul a Boston, de Oslo a Buenos Aires, bem como a praticamente cada ponto intermediário, sempre que pessoas inteligentes o bastante para ignorar as evidências puderam inventar motivos aparentemente sofisticados para ignorá-las. Em ensaio homônimo, essa resistência tão profunda e tão sistemática aos fatos empíricos recebeu, da tenaz anticomunista Jeane Kirkpatrick, o nome de «vontade de não acreditar». Essa é uma expressão excelente e que merece ser ressuscitada no contexto deste livro, por motivos que logo serão explicitados.

* * *

Insisti na analogia com a Guerra Fria porque ela esclarece um problema relacionado que, em nossa época, muitas vezes parece não ter explicação: a forte vontade de não acreditar nos efeitos

1. O PANO DE FUNDO INTELECTUAL

perniciosos de outra força moral e social que mudou o mundo. Falo da Revolução Sexual, isto é, da desestigmatização e desmistificação do sexo fora do casamento, bem como da redução das relações sexuais em geral a uma espécie de recreação higiênica na qual tudo pode acontecer, desde que os envolvidos sejam adultos capazes de dar consentimento. É esse o mundo com que os filósofos liberacionistas vêm sonhando há séculos; e é também o mundo, como a maior parte dos adultos de hoje pode testemunhar, em que vivemos. Quanto a esse legado da Revolução Sexual, há poucas dúvidas sobre ele, onde quer que seja.

O que não suscita acordo tão generalizado, porém, é a natureza das *repercussões* dessa Revolução. Essa falta de consenso é interessante, uma vez que os dados empíricos pesam, a essa altura, avassaladoramente contra os liberacionistas – outra vez, de modo muito semelhante à maneira como o registro moral do comunismo pesava contra o comunismo, ainda que muitos intelectuais no Ocidente continuassem a negá-lo.

Não se quer com isso afirmar que a Revolução Sexual desencadeou uma espécie de «arquipélago *gulag*», ou mesmo qualquer outro dos legados mais dramáticos do comunismo (os quais os apologistas do marxismo e seus regimes costumavam chamar de «excessos»). Não se trata de dizer que a Revolução Sexual é a raiz de todo mal, do mesmo modo como nenhum outro desdobramento histórico portentoso o é isoladamente. O que se quer dizer é que chamam a atenção as semelhanças entre a recusa dos custos da Revolução Sexual por parte dos intelectuais e a velha recusa dos custos do comunismo. De fato, para aqueles que *não* vivem em estado de negação a respeito do que está acontecendo, essas semelhanças entre ambas as fases da história intelectual são perturbadoras.

MARY EBERSTADT

Tomemos somente algumas das semelhanças entre esses dois acontecimentos grandiosos da história intelectual moderna. Em ambos os casos, foram reunidos dados empíricos que não comportam qualquer refutação e que dão testemunho de suas infelizes consequências econômicas, sociais e morais. Também nos dois casos, a minoria intelectual responsável por reunir e chamar a atenção para esses dados acabou recompensada, na maior parte das vezes, com uma gama de reações que ia tão somente da indiferença à ridicularização, passando pela ira.

Os dados empíricos que temos hoje sobre a questão do sexo dão prova inesgotável dos benefícios do casamento e da monogamia, a começar pelo que diz respeito ao marido e à mulher. Segundo uma série de cientistas sociais, as pessoas em casamento monogâmico obtêm pontuações melhores em todos os tipos de mensurações de bem-estar[1]. Uma fartura de outros dados dá mostra de que as famílias lideradas por um casal casado – incluindo as famílias menos abastadas – encontram-se em melhor situação do que aquelas comandadas por um casal que mora junto[2].

E então chegamos à pequena biblioteca hoje conhecida sob a rubrica «estudos de felicidade». As mulheres cujos maridos sustentam a casa tendem a ser mais felizes do que as

---

(1) Cf., por exemplo, Linda J. Waite e Maggie Gallagher, *The Case for Marriage: Why Married People Are Happier, Healthier, and Better Off Financially*, Doubleday, Nova York, 2000. Cf., também, Claire M. Kamp Dush e Paul R. Amato, «Consequences of Relationship Status and Quality for Subjective Well-Being», *Journal of Social and Personal Relationships*, 22, outubro de 2005, págs. 607-627.

(2) Cf., por exemplo, Robert I. Lerman, «Impacts of Marital Status and Parental Presence on the Material Hardship of Families with Children», bem como «How Do Marriage, Cohabitation, and Single Parenthood Affect the Material Hardships of Families with Children?», ambos publicados em 2002 pelo Departamento de Saúde e Serviços Humanos dos Estados Unidos.

1. O PANO DE FUNDO INTELECTUAL

outras[3]. Os homens casados ganham mais e trabalham mais do que os solteiros[4]. Por outro lado, a promiscuidade entre os adolescentes e os jovens adultos parece estar intimamente relacionada à reprovação escolar e a problemas como o abuso do álcool e das drogas[5]. Numerosos autores mostraram, ainda, que a disseminação do divórcio e a maternidade fora do casamento – dois outros rebentos da Revolução Sexual – não são apenas nocivos para muitos indivíduos, mas também custosos para a sociedade[6].

Sara McLanahan é outra pesquisadora que incrementou laboriosamente nosso conhecimento a respeito do lado negativo da Revolução Sexual, a começar pelos dias em que parecia não passar de uma voz solitária no meio do deserto liberacionista. Seu livro seminal de 1994, escrito em coautoria com Gary Sandefur, traz em sua primeira página um dos mais sucintos requisitórios contra a Revolução Sexual:

> Estudamos a questão há dez anos, e em nossa opinião as evidências são bastante claras: as crianças que crescem com apenas um progenitor biológico se encontram, em média, em situação pior do que as crianças que crescem numa casa com os dois pais biológicos, não importando a raça ou o nível de instrução dos pais, se os pais estão casados quando a

---

(3) Cf. W. Bradford Wilcox e Steven L. Nock, «What's Love Got to Do with It? Equality, Equity, Commitment, and Women's Marital Quality», *Social Forces*, 84, n. 3, março de 2006, págs. 1321-1345.

(4) H. Chun e I. Lee, «Why Do Married Men Earn More: Productivity or Marriage Selection?», *Economic Inquiry*, 39, n. 2, abril de 2001, págs. 307-319.

(5) Cf., por exemplo, Henry J. Kaiser Family Foundation, «Substance Use and Sexual Health among Teens and Young Adults in the U.S», *Fact Sheet*, fevereiro de 2002.

(6) Cf., por exemplo, Jessica Gavora, «Single Women as a Threat to Freedom», em Adam Bellow (ed.), *New Threats to Freedom*, Templeton Press, Conshohocken, 2010, págs. 56-66.

criança nasce e se o progenitor a quem coube a guarda da criança se casa de novo[7].

Nos anos que se seguiram, palavras e formulações como essas têm servido para incitar a violência entre sociólogos, com a maioria deles alinhando-se, às vezes com ferocidade, contra McLanahan e outros pensadores que concordam com ela. Não é que tais estudiosos ignorem as evidências; antes, eles se sentem obrigados a dar explicações que as tornem irrelevantes. É esse o profundo desejo de não acreditar que informa – e deforma – muito do que hoje se lê sobre sexo.

Tomemos, ainda, as evidências mais recentes do ônus da Revolução. Uma delas se encontra num interessante livro de 2005 publicado por Elizabeth Marquardt e intitulado *Entre dois mundos: a vida interior dos filhos do divórcio*[8]. Baseado num questionário de 125 perguntas aplicado, com o copesquisador Norval Glenn, a dois grupos – de um lado, aqueles que tinham crescido em lares divorciados; do outro, os que cresceram em lares intactos –, os resultados de Marquardt revelam claramente os elevados riscos de disfunção e perturbação que acompanham muitos do primeiro grupo na vida adulta.

Mas o quão gritante é essa diferença que Marquardt e Glenn descobriram entre suas amostras? Comecemos com alguns aspectos práticos – digamos, se a família é ou não é o centro de gravidade. Por exemplo, 32% dos filhos de pais divorciados dizem que suas respectivas famílias não tinham o costume de fazer

---

(7) Sara McLanahan e Gary Sandefur, *Growing Up with a Single Parent: What Hurts, What Helps*, Harvard University Press, Cambridge, 1994.

(8) Elizabeth Marquardt, *Between Two Worlds: The Inner Lives of Children of Divorce*, Crown Books, Nova York, 2005.

uma refeição diária com todos juntos, em comparação com 8% dos filhos de lares intactos[9]. Quase dois terços da amostra com pais divorciados relatam que suas famílias eram estressantes[10], em comparação com 25% da amostra dos lares intactos. Somente um terço da amostra com pais divorciados concorda enfaticamente com a afirmação «Os filhos estavam no centro da minha família»[11], ao passo que são 63% os da outra parte. Muitos outros exemplos confirmam aquilo que talvez não venha a nos surpreender: nos lares divididos é menor o tempo e o espaço dedicados aos filhos do que nos lares que se encontram intactos.

Além disso, há também as diferenças de perspectiva. Elas são mais nebulosas, mas ainda assim impressionam. Judith Wallerstein mencionara, com grande agudeza, que entre seus objetos de estudo era comum «o medo de o desastre estar sempre à espreita, pronto para surgir sem qualquer aviso»[12]. A mesma apreensão é também confirmada pelas pessoas estudadas em *Entre dois mundos*. Muitas delas – bem como a própria autora – relatam uma apreensão generalizada e um pavor do mundo que perduram até a idade adulta. Nas palavras de uma das entrevistadas, a quem outras fazem eco: «Eu tinha sempre a impressão de que estava apenas esperando que algo desse errado. Não que achasse que ia morrer ou algo do tipo, mas sempre me parecia haver coisas à espreita pelos cantos»[13].

O trabalho de Marquardt, a exemplo de tantos outros, le-

---

(9) *Idem, ibidem*, pág. 87.

(10) *Idem, ibidem*, pág. 54.

(11) *Idem, ibidem*, pág. 54.

(12) Judith Wallerstein, Julia M. Lewis e Sandra Blakeslee, *The Unexpected Legacy of Divorce: The 25 Year Landmark Study*, Hyperion, Nova York, 2001, pág. xxxiv.

(13) Elizabeth Marquardt, *Between Two Worlds*, pág. 64.

va-nos ao núcleo moral da Revolução Sexual, à abundância de evidências de que seus frutos mais podres couberam às mulheres e crianças. Mesmo aqueles que se orgulham de sua compaixão politicamente correta, que criticam os conservadores e os religiosos por sua suposta «falta de sensibilidade», não enxergam a contradição que há entre suas profissões públicas de compaixão em outros âmbitos e sua adesão privada à ética liberacionista.

Essa recusa tenaz em reconhecer que a Revolução pesa mais sobre os ombros mais jovens e mais vulneráveis – a começar pelo feto, chegando então às crianças e aos adolescentes – talvez seja o exemplo mais vívido do estado de negação de suas repercussões. Em nenhuma outra esfera da vida humana os americanos comuns parecem tão indiferentes ao sofrimento dos menores e mais fracos. De modo particular, nossos *campi* ressoam com os cânticos santarrões dos que protestam contra o genocídio em Darfur, contra a crueldade gratuita imposta aos animais ou contra as grosseiras violações dos direitos humanos praticadas por regimes opressores como o da China. Todos esses problemas são reais e, por causa deles, estudantes reais derramam lágrimas reais. Esse emprego seletivo da compaixão é um dos traços mais curiosos de nossa época. Pessoas que em qualquer outro contexto se orgulhariam de defender o mais fraco esquecem quem é exatamente esse mais fraco quando se trata da Revolução Sexual.

No entanto, ainda que muita gente *não* tenha percebido quando tudo isso começou, a Revolução Sexual – em especial a parte dela que marcha sob o *slogan* de que família é o que quer que se diga que é – atingiu específica e especialmente a vida de muitas, muitas crianças. Gerações e gerações de estudos e cientistas sociais já demonstraram: os meninos e as meninas que

1. O PANO DE FUNDO INTELECTUAL

não têm o pai em casa sofrem mais de problemas emocionais, financeiros e educacionais, entre outros, do que seus colegas[14]. Eles correm maior risco de padecer de diversos distúrbios mentais e comportamentais[15]. Têm também mais chance de serem presos. Como explicou David Blankenhorn, outro autor pioneiro, num livro inteiro dedicado ao assunto – e cujo título, perfeito, é *Estados Unidos sem pai* –, não ter o pai em casa nos permite prever toda sorte de resultados desastrosos. Por exemplo, os filhos de mães divorciadas ou solteiras têm muito mais chance de sofrer abusos físicos em casa do que aqueles que contam com seus pais biológicos[16].

* * *

Para os que o desejam, esse tipo de evidência empírica é abundante; para os que julgam prescindir dele, o mero testemunho dos afligidos talvez baste. Além disso, sobram evidências que fogem ao âmbito das ciências sociais. O rock e o rap contemporâneos, por exemplo, são em grande medida motivados pelas repercussões da Revolução Sexual; os temas predominantes (ti-

---

(14) Para tomarmos apenas um exemplo documentado repetidas vezes, os filhos de mães que nunca se casaram têm mais chances de ser suspensos da escola, de repetir de ano e de apresentar transtornos de comportamento. Cf., por exemplo, James Q. Wilson, «In Loco Parents: Helping Children When Families Fail Them», *The Brookings Review*, outono de 1993, págs. 12-15.

(15) Os adolescentes filhos de pais separados têm mais chance de cometer suicídio e sofrer de transtornos psicológicos do que aqueles com os dois pais biológicos em casa. Cf., por exemplo, David A. Brent *et al.*, «Post-Traumatic Stress Disorder in Peers of Adolescent Suicide Victims: Predisposing Factors and Phenomenology», *Journal of the American Academy of Child and Adolescent Psychiatry*, 34, 1995, pág. 19.

(16) David Blankenhorn, *Fatherless America: Confronting Our Most Urgent Social Problem*, Basic Books, Nova York, 1995. Sobre as disparidades entre as famílias comandadas por pais casados e aquelas comandadas por pais solteiros, cf. também Kay S. Hymowitz, *Marriage and Caste in America: Separate and Unequal Families in a Post-Marital Age*, Ivan R. Dee, Lanham, 2006.

rando o sexo propriamente dito) incluem lares divididos, famílias dilaceradas, os namorados abusivos da mãe, abusos sexuais, bem como todos os outros efeitos da Revolução[17].

Do mesmo modo como ignoram o fato de que os membros mais jovens e fracos da sociedade foram desproporcionalmente prejudicados por um *Zeitgeist* que favorece os mais velhos e mais fortes, muitas pessoas apaixonadas e esclarecidas ignoram que a Revolução Sexual também foi um desastre para muitas mulheres. Como se padecessem da Síndrome de Estocolmo, as feministas – mais do que quase todos os outros grupos de interesse, com a possível exceção dos pornógrafos – apegam-se à defesa da Revolução Sexual. Quantas estudantes de mentalidade feminista, dessas que fazem passeatas pelo direito ao aborto, dão-se conta de que, em muitas partes do mundo, incluindo os Estados Unidos, as meninas têm mais chances de serem abortadas do que os meninos?

Assim também, a maior parte dos *campi* americanos ocupa-se hoje de treinar as mulheres contra possíveis estupradores. Um desses programas, em Princeton, apresenta um engenhoso vídeo *online* que mostra mulheres sendo treinadas para gritar, agachar-se e chutar lugares obviamente estratégicos. Ninguém se oporá às mulheres que defendem a si mesmas. No entanto, ao ver o quanto são onipresentes nos *campi* esses tipos de aulas e oficinas, é difícil não se perguntar: será que realmente precisaríamos tanto delas se nossos *campi* fossem um pouco menos libertinos e se a diferença entre uma companhia bêbada e um estuprador de verdade fosse um pouco mais discernível?

---

(17) Para uma análise da centralidade do estilhaçamento da família no rock e no rap contemporâneos, cf. Mary Eberstadt, «Eminem is Right», *Policy Review*, 128, dezembro de 2004/janeiro de 2005, págs. 19-32.

1. O PANO DE FUNDO INTELECTUAL

Não obstante seja considerado escandaloso dizer isso em tempos de metrossexualismo, as mulheres continuam muito mais vulneráveis a abusos físicos. As que são divorciadas ou solteiras têm muito mais chances – duas vezes mais, segundo um estudo – de sofrer abusos físicos do que as que se encontram em casamento intacto[18]. Sublinhar como o liberacionismo sexual fez mal às mulheres não é dizer que os homens seguem ilesos. Todavia, em muitos homens, a Revolução Sexual parece mais um vírus de ação lenta, cujos danos só se tornam aparentes em período mais tardio da vida. Como bem enfatizaram Maggie Gallagher e Linda Waite, além de outras pesquisadoras, os homens divorciados apresentam índices mais altos de depressão, alcoolismo e outras formas de «comportamentos de risco», incluindo negligências tão banais quanto não ir ao médico[19].

Para as mulheres, contudo, a repercussão da Revolução Sexual é mais imediata e aguda. São as mulheres que fazem abortos e ficam deprimidas por causa deles; são as mulheres que normalmente têm de criar os filhos sozinhas quando o homem as troca por outra pessoa; são as mulheres que costumam sofrer o maior baque financeiro no divórcio; e são as mulheres que enchem as páginas de revistas como *Cosmopolitan* com um duplifalar sexual. Basta passar os olhos por qualquer uma dessas fontes, por qualquer segmento aleatório dos *talk shows* matutinos dirigidos para as mulheres, ou ainda por qualquer outro produto «para elas», como a série de TV *Sex and the City*: todos exibem uma mistura vastamente contraditória de conversas sobre como

---

(18) Cf. Gallagher e Waite, *The Case for Marriage*, em especial o capítulo 11, «Is Marriage a Hitting License?», págs. 150-160. Esse capítulo resume vários estudos no intuito de mostrar que há mais chances de a violência doméstica ocorrer fora do casamento do que dentro dele.

(19) Cf. *ibidem*, especialmente os capítulos de 4 a 9.

é maravilhoso que as mulheres estejam livres para as diversões sexuais e como, ao mesmo tempo, ficou misteriosamente impossível encontrar um namorado bom, fiel e comprometido.

Por exemplo, é como se a PETA, isto é, as Pessoas pelo Tratamento Ético dos Animais, publicasse revistas que defendessem o vegetarianismo, mas trazendo anúncios de porco, carne e frango mergulhados em molhos suntuosos. Se algo *assim* acontecesse, as pessoas repariam na contradição. No entanto, por causa da vontade de não crer em algumas das consequências da Revolução Sexual, quando o assunto é sexo elas não reparam.

Se a vontade de não crer ganhou força no Ocidente durante os anos da Guerra Fria, apesar do fácil acesso aos dados que diziam respeito ao comunismo, imagine o quão mais forte é a vontade de não crer nos dados que se referem à Revolução Sexual. Como certa vez observou Malcolm Muggeridge, «as pessoas não acreditam porque têm de acreditar, mas porque querem fazê-lo». E é difícil conceber algo em que se queira acreditar mais do que na ideia de que é possível aproveitar o sexo em quaisquer condições, sem penalidades. Isso é parte daquilo que os fatos – que nada menos do que a natureza humana – negam.

Como, pois, os membros da minoria intelectual que estão em posse dos fatos, que não procuram negá-los, furam essa resistência arraigada? Um procedimento possível é aquele adotado pelos pensadores renegados durante a Guerra Fria: nunca desistir de debater pacientemente os dados do mundo tal como ele é, não importando o quão resolutamente você seja ignorado ou desprezado. A resposta não está em descer ao nível dos blogueiros e intelectuais liberacionistas, que falam mal dos cristãos. Não se deve tratar os adversários da maneira como eles habitualmente nos tratarão, como se um mero contato exigisse um par de pinças gigantes. Um exemplo do que *não* fazer vem do modo como a grande mídia tende a mostrar sobretudo os evangélicos, isto é, com todo o *frisson* antropológico de exploradores que descobrem ianomâmis da Idade da Pedra na selva amazônica. No mínimo, os que estão do outro lado não devem imitá-los.

O que fazer em vez disso? Para começar, entender algo que talvez seja contraintuitivo: nós, os modernos, não vivemos numa era de niilismo. Muitas vezes é isso o que dizem, e aqueles que se desesperam com o que produziram a Revolução Sexual e outras mudanças de nosso tempo acabam frequentemente por acreditá-lo. No entanto, ao contrário desses pessimistas, nós não fomos predestinados pelo pós-modernismo a um pântano niilista, do mesmo modo como os intelectuais de ontem não foram predestinados por Marx a um futuro coletivista distópico (ainda que muitos também acreditassem nisso). Na verdade, as pessoas acreditam em toda sorte de códigos morais universalizantes, ainda que muitas vezes deem a eles outros nomes.

Jeane Kirkpatrick encerrou «A vontade de não crer» com um argumento importante. Ela observou que, sejam quais forem as razões por trás da vontade de não acreditar, é errado simplesmente lavar as mãos e permitir que aqueles que possuem ideias ruins reclamem para si o monopólio da verdade. «A descrença nas evidências [empíricas]», escreveu ela a respeito da Guerra Fria, «é disfuncional. Não corresponde aos padrões demonstráveis da história contemporânea e não é, como disse [William] James a respeito do que deveria ser uma ideia verdadeira, "proveitosa para nossas vidas"».

No fim das contas, o desagravo vem também do fato de que a divisão intelectual em torno da Guerra Fria e a divisão corrente em torno da Revolução Sexual têm outro traço em comum. Em ambos os casos, muitos suspeitavam de que a história já havia decidido a questão. Isso se aplicava até mesmo a alguns dos principais intelectuais anticomunistas da época. Jean-François Revel abriu seu livro de 1984, assustadoramente intitulado *Como terminam as democracias*, com uma frase igualmente assustadora: «A democracia pode, no fim das contas, ter sido um acidente histórico, um breve parêntese que se fecha diante dos nossos olhos»[20]. Do mesmo modo, Whittaker Chambers começou sua magistral autobiografia com uma carta a seus filhos, na qual advertia-os de maneira sombria para um mundo «letalmente doente»[21]. Quando decidiu abandonar o comunismo, disse ele à esposa: «Você sabe que estamos trocando o mundo vencedor pelo perdedor»[22]. Ainda que estivesse singular e destemidamente certo a respeito de muitas outras coisas, Chambers errou nesse ponto, é claro.

No lugar do materialismo histórico daqueles dias, que ali parecia assaz imponente e implacável, os americanos de hoje deparam com outro veredito putativo da história: a ideia de que a Revolução Sexual também é uma força avassaladora que nunca será contida ou revertida. No fim das contas, porém, a história não absolve todo mundo com tanta facilidade. Como ela mesma demonstra, a verdade empírica acaba por aparecer, ainda que todos os que serão por ela ameaçados pareçam inabaláveis na negação dos fatos, e ainda que aqueles que estão em posse desses mesmos fatos suspeitem pessoalmente de que a farsa histórica já chegou ao fim.

---

(20) Jean-François Revel, *How Democracies Perish*, Doubleday, Nova York, 2004, pág. 3.

(21) Whittaker Chambers, *Witness*, Random House, Nova York, 1952, pág. 5.

(22) *Idem*, pág. 25.

Eis por que é tão importante dispor dos fatos certos, mesmo – ou melhor: especialmente – quando se está sobrepujado numa escala de milhares contra um. Quando, daqui a décadas ou séculos, as pessoas voltarem os olhos para este ou qualquer outro debate grandioso, uma das primeiras coisas que desejarão saber é de que lado estavam a razão, o empirismo e a lógica. Esse será o lado dos que estão dispostos a acreditar na verdade, alicerçada como está na pesquisa de estudiosos cuja obra lhe dá testemunho, independentemente de ser ou não aquilo que o resto do mundo deseja ouvir.

2.
O que a Revolução Sexual está fazendo com as mulheres?
O que a mulher quer?

Um dos aspectos mais fascinantes da Revolução Sexual é o fato de seus beneficiários revelarem, após breve exame, sofrer com problemas e questões que não afligiam seus antepassados ditos ignorantes. Esse paradoxo fica especialmente claro no que diz respeito a um subconjunto da humanidade cuja importância é um tanto óbvia: as mulheres. Testemos essa proposição tomando como indícios alguns para-raios da paixão e da ira femininas nos Estados Unidos.

No começo de 2011, a socióloga Kay S. Hymowitz publicou um artigo no *Wall Street Journal* questionando «aonde foram parar os homens bons». O texto, baseado em seu livro *Virando homem: como a ascensão das mulheres transformou os homens em meninos*, imediatamente deflagrou uma comoção pública[1].

O argumento de Hymowitz dizia que os homens modernos existem em estado de adolescência suspensa, ao passo que as mulheres modernas os ultrapassam no mercado e outras áreas. Segundo o denso raciocínio de seu livro, repleto como é de referências acadêmicas e populares, a verdade é que os homens e as mulheres modernas se puseram inconscientemente em rota de colisão com a própria natureza humana. «O casamento e a procriação em idade mais avançada», observava argutamente, «criam um impasse para a biologia humana, culminando num conjunto de consequências médicas, econômicas e sociais, incluindo mais homens-meninos, mães solteiras e lares sem pai»[2].

Dizer que esse questionamento dos efeitos da Revolução, ainda que indireto, gerou controvérsia seria um eufemismo. Imediatamente, as feministas condenaram o que julgaram ser a culpabilização do movimento das mulheres pelo envenenamento das relações entre os sexos. Também os homens atacaram Hymowitz por ter ela sugerido que muitos deles passam mais tempo com o *videogame* e os computadores do que na busca de mulheres reais (ainda que muitos rapazes obviamente as busquem). No entanto, ainda mais interessante do que o nível de paixão despertado foi o que poderíamos chamar de fato silencioso, isto é, que ninguém tenha debatido o argumento central de Hymowitz, segundo o qual há uma infelicidade própria do *front* romântico atual. Esse é um ponto importante, ao qual retornaremos.

---

(1) Kay S. Hymowitz, *Manning Up: How the Rise of Women Has Turned Men into Boys*, Basic Boys, Nova York, 2011.

(2) *Idem, ibidem*, pág. 176.

2. O QUE A REVOLUÇÃO SEXUAL ESTÁ FAZENDO COM AS MULHERES?

Vejamos agora outra comoção pública de mesma grandeza informativa, mas ocorrida anos antes. Durante algumas semanas de 2009, instados por vários escândalos sexuais de pessoas públicas, os americanos que acompanhavam os noticiários viram-se inundados de opiniões a respeito da situação atual do casamento. De melodramas referentes a políticos republicanos infiéis à separação de casais de *reality shows*, o difícil estado do casamento moderno pareceu dominar a TV, o rádio e a blogosfera por semanas – e, em sua crista, vieram à superfície alguns indícios particularmente vívidos dos apuros de muitas mulheres modernas.

Praticamente todos aproveitaram aquelas calamidades conjugais para dar opinião sobre o casamento americano. A *Newsweek* publicou um artigo a respeito da ascensão do poliamor, isto é, de famílias com múltiplos parceiros[3]. De Creta, ao lado do ex-marido e seus filhos, Arianna Huffington, personalidade calejada da cultura pop, ofereceu mais uma contribuição pós-moderna, incentivando outros pais divorciados a chegarem ao ponto em que «não há mais nada a discutir». Assim, também eles poderiam sair de férias juntos como uma grande não família feliz pós-divórcio[4].

Quanto aos demais esforços para dizer algo novo a respeito, dois artigos inesperadamente interessantes acabaram servindo como para-raios: «Vamos cancelar tudo», de Sandra Tsing Loh, na revista *Atlantic*; e, na revista *Time*, o artigo ferozmente con-

---

(3) Jessica Bennett, «Polyamory: The Next Sexual Revolution?», *Newsweek*, 29 de julho de 2009. Disponível em: <http://www.thedailybeast.com/newsweek/2009/07/28/only-you-and--you-and-you.html>.

(4) Arianna Huffington, «Vacationing with My Ex», *Huffington Post*, 6 de julho de 2009. Disponível em: <http://www.huffingtonpost.com/arianna-huffington/vacationing-with-my--ex_b_226310.html>.

trário de Caitilin Flanagan, cujo título era «Há esperança para o casamento americano?»[5].

Os artigos de Flanagan e de Loh, muito além de trazerem os prós e contras de sempre sobre o casamento, são também janelas que permitem vislumbrar uma paisagem moral e cultural em rápida evolução. Ironicamente, naquilo que têm de diferente entre si, é possível perceber um universo inteiro – tão sombrio quanto fascinante – de angústia por um personagem que há muito é tratado como o principal beneficiário da Revolução Sexual: a mulher moderna.

Em «Há esperança para o casamento americano?», Flanagan seguiu o caminho tradicionalista e revelou-se uma partidária irrestrita do casamento. Ela defendeu uma série de pontos que há muito, como vimos, são contestados – entre os quais, que o casamento convencional é melhor para os filhos, melhor para os adultos e crucial para o sucesso da sociedade. Loh, por sua vez, aproveitou seu artigo para declarar-se uma inimiga tão feroz do casamento quanto Flanagan era sua defensora. Usando seu iminente divórcio como parâmetro e uma franca bateria de anedotas sobre o casamento de amigos e conhecidos, ela afirmava que vidas mais longas e expectativas infladas haviam arruinado uma instituição outrora viável.

Uma pergunta óbvia, a mesma que está no centro da disputa entre Flanagan e Loh, é: o que o casamento moderno está fazendo com as crianças? Por mais chocante que a pergunta tenha se mostrado aos detratores do ensaio de Flanagan na revista *Time*, nem todo mundo é tão ingênuo assim; os leitores com um mí-

---

(5) Sandra Tsing Loh, «Let's Call the Whole Thing Off», *Atlantic*, 29 de junho de 2009; Caitlin Flanagan, «Is There Hope for the American Marriage?», *Time*, 2 de julho de 2009.

nimo de conhecimento da sociologia familiar desde o Relatório Moynihan[6] já desconfiam da resposta. Além disso, há uma pergunta ainda mais interessante: o que o casamento moderno está fazendo com os adultos? Mais precisamente, qual é o estado, em nossa ordem social aparentemente pós-moderna, pós-feminista e pós-julgadora, daquilo que os antiquários um dia chamaram de «a guerra dos sexos»?

A resposta, ao que parece, consiste numa longa e estranha viagem rumo a um enigma a que muitas pessoas infelizes parecem se julgar presas.

«Vamos cancelar tudo» é um ataque intenso, e às vezes brutal, ao casamento tradicional. Também poderia, sem faltar à justiça, ser chamado de pós-feminista, uma vez que sua principal reclamação não é tanto que os homens são intoleráveis, mas que o casamento em si é impossível. Em seu ensaio, Loh percorre incansavelmente os detalhes do próprio colapso conjugal (desencadeado pela autora mesma, como ela reconhece desde o princípio), os receios que vêm e vão sobre o que a separação pode causar aos filhos e suas conversas com amigos e outras pessoas, as quais dão ainda mais força à sua tese. «Agora que temos trabalhos de colarinho branco, máquinas de lavar e uma expectativa de vida que pulou de 47 para 77 anos», argumenta ela, a ideia do casamento «ficou obsoleta». O texto termina com um «último conselho» que apresenta a essência do ensaio com um *élan* amargo: «Evite o casamento. Caso contrário, você também poderá sofrer a dor emocional, a humilhação e a dificuldade

---

(6) Elaborado em 1965 por Daniel Patrick Moynihan, assistente da Secretaria do Trabalho do governo do presidente Lyndon Johnson, o Relatório Moynihan foi um documento que sugeria ao presidente a adoção de medidas que promovessem o casamento e a vida familiar estável dos negros africanos, que segundo o autor ainda sofriam com os efeitos familiares da escravidão. (N. do E.)

logística – sem falar nas despesas – de romper uma união de longo prazo na meia-idade em virtude de algo tão claramente fugidio quanto o amor».

Flanagan, por outro lado, fez um resumo conciso daquilo que gerações de cientistas sociais vêm documentando minuciosamente desde os anos 1960: «Não há nenhuma outra força isolada que cause tantas dificuldades mensuráveis e tantas tristezas neste país quanto o colapso do casamento. Ele fere as crianças e reduz a segurança financeira das mães. Com particular devastação, ademais, abateu-se sobre aqueles que menos podem suportá-lo: os mais pobres do país». Mencionando apenas alguns dos autores que há anos vêm propagando essas más notícias a respeito dos lares divididos (incluindo aqueles citados nos capítulos anteriores deste livro, entre os quais Robert Rector, David Blankenhorn e Sara McLanahan), Flanagan censurou a cegueira voluntária de seus pares divorciados e dos pais solteiros. Indo até mesmo além da defesa do casamento, e chegando a tecer advertências quanto às ramificações sociais mais genéricas do colapso da família, ela assim concluiu numa nota claramente planejada para dar calafrios em seus colegas *baby boomers*: «A atual geração de crianças, aquela que testemunha os adultos destruindo seus compromissos como se fossem gravetos secos, aquela que observa pais que simplesmente não se dão ao trabalho de casar-se um com o outro, e que por isso ficam entrando e saindo da vida dos filhos – é essa a geração que cuidará de nós quando ficarmos velhos».

Se as autoras não pisaram em ovos ao tratar de suas teses, os comentadores também não pisaram em ovos na hora de criticá-las. Flanagan, como era de esperar, foi totalmente açoitada pelos suspeitos de sempre: seus refinados críticos interpretaram seu texto como uma defesa desconcertantemente retrógrada da família. Isso é ainda mais peculiar porque, ao contrário da maioria dos outros defensores do casamento heterossexual no debate público de hoje, Flanagan é uma defensora do aborto que, ao expor seus argumentos, recorre em grande medida a anedotas e, ocasionalmente, à sociologia secular.

Essa novidade narrativa, longe de poupá-la da ira de seus críticos, parece tê-la inflamado exponencialmente. A feminista alfa Linda Hirshman, que já vociferava antes mesmo da publicação do artigo na revista *Time*, zombou de sua autora: chamou-a de «flagelo das mães que trabalham», reclamou do uso de «estudos antiquados» e de «entrevistas com especialistas vinculados a fundações de direita» e, por fim, censurou a própria *Time* por «publicar mais uma matéria de capa apocalíptica e infundada sobre as terríveis consequências do destino da grande maioria das mulheres americanas»[7].

Escrevendo na revista *The Nation*, a populista Katha Pollitt colocou garras semelhantes de fora. Chamando Flanagan de «antifeminista profissional» e «autora de um livro inteiro de ensaios contra as mães que trabalham, excetuando a si própria», ela concluiu que «o ataque ao divórcio não tem relação com os pobres e suas famílias», mas objetiva apenas «reforçar a ideia de que "família" não serve apenas como abrigo num mundo sem coração, mas é a única rede de segurança que você tem, ou deveria ter, contra os golpes da sorte»[8]. Aparentemente, para

---

(7) Linda Hirshman, «Only Caitlin Flanagan Could Make Mark Sanford Look Good», *Slate*, 2 de julho de 2009. Disponível em: <http://www.slate.com/blogs/xx_factor/2009/07/02/caitlin_flanagan_makes_mark_sanford_look_good. htm>.

(8) Katha Pollitt, «Can This Marriage Be Saved?», *Nation*, 3 de agosto de 2009. Disponível em: <http://www.thenation.com/article/can-marriage-be-saved-1>.

aqueles que pensam como Pollitt, essa é uma das ideias mais malucas que se podem conceber. No lado esquerdista-progressista do espectro, os comentadores também criticaram Flanagan por aquilo que a maioria julgava ser mais uma defesa retrógrada da indefensável família nuclear.

Como era de esperar, essas mesmas pessoas foram muito mais lenientes com a confissão de adultério de Sandra Tsing Loh e sua subsequente decisão de divorciar-se. De fato, embora alguns leitores tenham recebido o texto com repulsa, outros manifestaram publicamente sua simpatia e aplaudiram sua decisão, ainda que com certas ressalvas aqui e acolá. Nas palavras de uma articulista da revista *Salon*, «alguns sem dúvida culparão Loh por não ter se esforçado o suficiente. No entanto, ela nunca foi de nos mostrar o ideal, mas apenas a realidade»[9]. A blogueira de esquerda Amanda Marcotte ecoou Loh num texto intitulado (com admirável clareza) «Para muitos, o casamento não tem sexo, é entediante e oprime: hora de repensar a instituição?»[10].

Um fato intrigante que passou despercebido no meio dessa confusão geral foi que a descrição de Loh provocou, *sim*, objeções de ao menos um subconjunto de leitores: os homens. Ocupando-se consideravelmente do artigo e sua autora no *Los Angeles Times*, James Rainey criticou a insinuação de que os homens casados são «desdenhados por esposas que os veem como se fossem menos do que homens. Esses fracotes do século XXI seguem cada uma das novas regras – trazem dinheiro para casa, ajudam

---

(9) Amy Benfer, «When "Date Night" Is Not Enough», *Salon*, 18 de junho de 2009. Disponível em: <http://www.salon.com/2009/06/18/loh_on_divorce/>.

(10) Amanda Marcotte, «For Many, Marriage Is Sexless, Boring, and Oppressive: Time to Rethink the Institution?», *AlterNet*, 1 de julho de 2009. Disponível em: <http://www.alternet. org/sex/141024/?cID=1250426>.

a criar os filhos, dividem os afazeres domésticos e preparam refeições elaboradas –, e ao fazerem isso tornam-se robôs domesticados e dessexualizados»[11]. Um blogueiro da MensNewsDaily. com viu no ensaio «o mesmo rame-rame egoísta que volta e meia encontramos entre os privilegiados», bem como uma «desesperada tentativa [da autora] de explicar-se para si mesma (e, infelizmente, para nós)». Outros críticos do sexo masculino, além de umas poucas mulheres, também criticaram Loh por generalizar o homem casado de hoje, tratando-o como uma «esposa concorrente» assexuada, que diz não para o sexo[12].

$$* * *$$

O que pensar dessa inesperada – mas reveladora – tempestade em copo d'água, tão emblemática do estado atual das relações amorosas?

No campo intelectual, é claro, Flanagan, assim como Hymowitz e os outros autores que lançaram sobre as evidências um olhar honesto, entende tudo da maneira certa, a começar pelo número nada insignificante de obras que, saídas do âmbito das ciências sociais, dão hoje testemunho dos efeitos que os lares divididos têm sobre as crianças. Foram tantos os economistas, sociólogos e psicólogos que já contribuíram para esse registro que nenhum conjunto isolado de livros – e muito menos um artigo de alguns milhares de palavras na *Time* – pode almejar resumi-lo, mas Flanagan saiu-se melhor do que ninguém nesse desafio.

---

(11) James Rainey, «Sandra Tsing Loh Reveals Affair and Anti-Marriage Stance», *Los Angeles Times*, 17 de junho de 2009. Disponível em: <http://articles.latimes.com/2009/jun/17/entertainment/et-onthemedia17>.

(12) Robert Franklin, «Lipotrex without Prescription», *Glenn Sacks* (blog), 2 de julho de 2009. Disponível em: <http://glennsacks.com/blog/?p-3928>.

Não obstante – e é aqui que as coisas começam a ficar mais curiosas –, as guerras conjugais do verão de 2009 não se resumiram a um golaço empírico a respeito das crianças e dos lares divididos. Na profundidade e na crueza de muitos comentários espreitava-se um tipo diferente de verdade, uma verdade que em grande parte ninguém debateu. Trata-se de algo que talvez até pudesse ser considerado uma forma impremeditada de revelar como muitos modernos, em especial as mulheres, estão hoje. Nas palavras da ímpar Midge Decter, «a verdade verdadeira da Revolução Sexual é que ela fez do sexo um campo quase caoticamente ilimitado – e, portanto, ingovernável – na vida das mulheres»[13]. Esse é um *insight* do qual a guerra conjugal do verão de 2009, bem como a controvérsia de 2011 sobre o livro *Virando homem*, não passa de uma longa nota de rodapé.

No entanto, há mais aqui a ser escavado para entendermos como algumas das supostas beneficiárias da Revolução também se tornaram suas vítimas. A revolução de hoje contra o casamento tradicional resume-se a duas acusações feitas repetidas vezes (quase sempre por mulheres) e que encontram eco em outras fontes contemporâneas: primeiro, que as pressões da maternidade, do casamento e da geração de renda são simplesmente grandes demais para serem suportadas; e, depois, que muitos dos casamentos de hoje – isto é, aqueles casamentos entre pessoas esclarecidas, mais velhas, cultas e sofisticadas – são um deserto sexual. É quase como se a guerra entre os sexos tivesse terminado: primeiro, no sentido figurado de que não há mais sexos, mas apenas listas de afazeres que cada unidade de gênero

---

(13) Midge Decter, *The New Chastity and Other Arguments against Women's Liberation*, Perigee, Nova York, 1974, pág. 80.

misteriosamente realiza melhor do que a outra; e, segundo, no sentido literal de que não há mais sexo propriamente dito, uma vez que o homem contemporâneo, segundo muitas mulheres de hoje, perdeu o interesse por ele.

Essa afirmação – a de que os maridos de hoje, ou pelo menos aqueles esclarecidos, isto é, aqueles que dividem com as esposas os afazeres domésticos, provavelmente perderam o interesse em ter relações sexuais com elas – é tão crucial para o artigo de Loh que o texto poderia muito bem ter recebido o subtítulo «Manifesto contra os metrossexuais». Segundo a autora, esse mal representa uma tendência social comum, até mesmo entre muitos de seus amigos (inclusive aqueles cujos casamentos parecem ideais). «Quando o casamento foi inventado», disse uma amiga sua cujo marido supostamente perdera todo e qualquer interesse sexual, «ele era considerado uma espécie de sindicato para as mulheres, uma proteção contra as errâncias sexuais do macho. O que aconteceu, porém, com essas errâncias sexuais masculinas?». Como resumiu Loh, «trabalhar, cuidar dos filhos e da casa, ser a responsável por marcar a "noite a dois", e tudo isso para ser repreendida em casa por um macho reclamão e ser ignorada no quarto... Eis um péssimo negócio»[14].

Com alguns desses pontos, Caitlin Flanagan e suas aliadas quase com certeza concordariam, o que é bastante interessante. Ao escrever, há muitos anos, na *Atlantic* sobre o dever da esposa, ela levantou questões parecidas a respeito do homem e da mulher modernos. Recorrendo a diferentes fontes – terapeutas sexuais, romances populares, amigos e correspondentes... –, Flanagan refletiu extensivamente sobre o retrato pintado por

---

(14) Sandra Tsing Loh, *op. cit.*

Loh: muitos casamentos modernos, ao menos nesses círculos mais em voga que acabam por se tornar tema de reportagens, são sexualmente estéreis. Nas palavras de uma autoridade como o dr. Phil[15]: «Casamentos sem sexo constituem uma epidemia inegável». Um considerável segmento de terapeutas e outros especialistas recentemente tornou-se algo que, para a maior parte das gerações anteriores, seria visto como uma profissão um tanto peculiar, na qual se põem a ensinar gente casada a fazer sexo.

Isso nos conduz a um terceiro conjunto de registros a respeito da peculiar infelicidade do cenário amoroso de hoje, ao menos para alguns. A queixa de que há algo especialmente – ou melhor, sexualmente – insatisfatório no casamento moderno parece ter sido explorada sem parar ultimamente, pelo menos por parte das mulheres. Noutro ensaio sobre outro terapeuta publicado por outra mulher na *Atlantic*, Cristina Nehring também ponderou o problema da falta de sexo, apenas para concluir:

> Estamos nos matando de tanto conversar. Estamos nos matando de tanto falar sobre o desejo. [...]. Talvez pudéssemos recuperar algo da energia transgressora da sexualidade *re*mistificando nosso erotismo em vez de *des*mistificá-lo, *velando* nosso desejo em vez de ensaiá-lo *ad nauseam*, redescobrindo a força da graça e da sugestão, da sublimação e da pausa[16].

---

(15) Phil McGraw, mais conhecido como dr. Phil, é um psicólogo americano que tornou-se, graças a suas aparições na televisão, celebridade nacional. (N. do E.)

(16) Cristina Nehring, «Of Sex and Marriage», *Atlantic*, dezembro de 2006. Disponível em: <http://www.theatlantic.com/magazine/archive/2006/12/of-sex-and-marriage/5373/>.

2. O QUE A REVOLUÇÃO SEXUAL ESTÁ FAZENDO COM AS MULHERES?

Outras autoras a explorar esse novo estilo confessional também chamaram a atenção para a ruína das relações amorosas não apenas no casamento, mas em todos os relacionamentos entre homens e mulheres. O tédio absoluto figura até nas justificativas do poliamor apresentadas por alguns de seus proponentes no artigo da *Newsweek*. «Creio que, se pudéssemos escolher, todos escolheriam alguma forma de relacionamento aberto», observou um deles. «Eu simplesmente gosto de variedade», concorda outro. «Fico entediado!»[17].

Em 2009, o que mais chamou a atenção foi que dois economistas da Wharton School, Betsey Stevenson e Justin Wolfers, tenham provocado tantos comentários com o inovador artigo intitulado «O paradoxo da decrescente felicidade feminina»[18]. Recorrendo a 35 anos de pesquisas sociológicas, eles observam que, considerando as muitas transformações sociais e econômicas da modernidade que supostamente beneficiariam as mulheres – a diminuição da diferença salarial entre os gêneros, o sucesso educacional que hoje supera o dos homens, a liberdade sexual provocada pela contracepção artificial, entre outras –, seria razoável esperar um nível maior de felicidade naquelas que se beneficiaram dessas tendências.

Em vez disso (daí o paradoxo que o estudo ostenta em seu título), parece que foi o contrário o que aconteceu: ao longo dos últimos 35 anos, «tanto em termos absolutos quanto relativamente aos homens, a felicidade das mulheres caiu de maneira difusa entre os grupos, de modo que elas deixaram de se declarar mais felizes do que eles. Em muitos casos, as mulheres

---

(17) Jessica Bennett, «Polyamory: The Next Sexual Revolution?».

(18) Betsey Stevenson e Justin Wolfers, «The Paradox of Declining Female Happiness», *American Economic Journal: Economic Policy*, 1, n. 2, 2009, págs. 190-225.

hoje declaram uma felicidade inferior». Além disso, os dados mostram que «essa mudança ocorreu em grande parte do mundo industrializado»[19].

O que está acontecendo, pois, que seja capaz de explicar tantas esposas e mães tristes e insatisfeitas? Por que tantos casamentos parecem ostentar maridos insignificantes – que não são de fato maridos – e donas de casa desesperadas e efervescentes (em todos os sentidos)?

Em primeiro lugar, parte da resposta parece estar em que muitos casamentos *não* são assim. Ao mesmo tempo, se levarmos em consideração o vívido testemunho em contrário de tantas mulheres contemporâneas, não há como negar que ao menos parte da insatisfação que elas descrevem – de modo especial, aquela entre outras mulheres esclarecidas, de classe média alta, com formação universitária e mesmo tipo de trabalho – é totalmente real.

Uma das explicações dadas para o crescimento da atual infelicidade doméstica é a longevidade. Naturalmente, é difícil levar a sério um argumento que transforma de maneira tão perversa algo bom (uma vida mais longa) em ruim (mais anos indesejados de casamento). Todavia, ainda que o encarássemos com seriedade – e fazendo um paralelo com aquilo que quiseram dizer os economistas da Wharton School –, qualquer infelicidade por ter de ficar alguns anos a mais com um parceiro deve ser mais do que equilibrada pelos outros benefícios desencadeados pela revolução na saúde, isto é, por taxas de mortalidade natal e infantil dramaticamente mais baixas, pela reduzidíssima incidência de mortes no parto, etc. Assim, o mero fato de estarmos

---

(19) *Idem, ibidem*, Resumo, pág. 190.

todos – ou ao menos os mais afortunados – vivendo mais não parece explicar muito bem o elevado grau de infelicidade da mulher de hoje.

Outra resposta dada recentemente talvez chegue mais perto do cerne da questão. Numa pesquisa publicada em 2009 e amplamente debatida, o psicólogo Jean Twenge utilizou dados de mais de dezesseis mil universitários e descobriu que aumentara dramaticamente a pontuação obtida por um teste de personalidade que mede o «índice de narcisismo» entre jovens adultos – e, entre as mulheres, o crescimento mostrava-se desproporcional[20]. (Nos anos 1950, para tomarmos um exemplo, apenas 12% dos universitários concordavam que «eu sou uma pessoa importante», ao passo que, no final da década de 1980, a cifra já era de 80%[21].) Essa «epidemia de narcisismo», como disseram alguns, deu origem a especulações sobre o que poderia explicar uma percepção tão exagerada de si. O capitalismo? Pais indulgentes, que mimam o ego? A tecnologia digital, que eleva incansavelmente os padrões de aparência pessoal?

Enquanto o júri de psicólogos continua a debater, a acusação de narcisismo parece convincente, como deixa dolorosamente clara a leitura de apenas algumas centenas dos artigos, blogs e outras manifestações públicas feitas ao novo «estilo confessional». Acrescente-se, também, para aqueles que têm estômago para aguentar, a explosão do subgênero de livros contemporâneos que zombam das crianças e da vida doméstica com títulos reveladoramente feios, como *Mulheres em fúria* e *Péssima mãe*, bem como outros que são depressivos demais até para listar. O

---

(20) Jean M. Twenge e W. Keith Campbell, *The Narcissism Epidemic: Living in the Age of Entitlement*, Free Press, Nova York, 2009.

(21) *Idem, ibidem*, pág. 34.

ressentimento que hoje se sente da vida doméstica não é um ódio que não tem nome, mas um ódio que não cala a boca. Ele emana das mesmíssimas mulheres que, no fim das contas, estão entre os membros mais afortunados de toda a história do gênero feminino, o que sugere algo perturbador em toda essa dinâmica. Se isso não é um narcisismo psicótico em sentido clínico, há ao menos abundantes evidências na literatura pop que revelam uma era peculiarmente mimada e ingrata.

Não obstante, colocar de lado esse novo alarido de ofensas femininas seria um erro; afinal, por mais chato e risível que possa parecer, há nele uma inequívoca autenticidade. Algumas dessas autoras podem realmente estar farejando algo, ainda que pareça não se tratar de algo que a maioria queira enfrentar.

Mesmo assim, abundam pistas para os que têm olhos para ver. Por exemplo, em seu ensaio de 2003 sobre o dever da esposa, Caitlin Flanagan discernia que a dessexualização ideologicamente imposta era parte clara do problema. Ela observava:

> O que aprendemos nesse grandioso experimento de trinta anos é que é possível convencer os homens a fazerem toda sorte de tarefa doméstica, mas que eles não irão fazê-las como uma mulher faria. [...] Em outras palavras, eles farão como os homens sempre fizeram: reduzirão o trabalho ao que tem de mais essencial e ignorarão totalmente os adornos e as delicadezas que as mulheres tendem a considerar igualmente essenciais. E muitas mulheres sentem-se traídas, zangadas e até – pobrezinhas! – surpresas com isso.

Do mesmo modo, Kay Hymowitz enfatizou a dissonância induzida pelas demandas femininas por tratamento igual nas salas de diretoria, nos clubes, nas quadras de esporte – em todos os lugares, menos na esfera romântica.

Elas sem dúvida estão certas quanto à vida doméstica e ao problema dos dois pesos e duas medidas. As mulheres têm padrões mais elevados do que os homens quanto à maioria das realidades da manutenção do lar e gastam mais tempo com elas[22]. As inovações linguísticas boladas para refletir esse novo mundo doméstico mostram isso. As mulheres que trabalham fora de casa, por exemplo, fazem um «segundo turno», mas não os homens. Do mesmo modo, há um motivo pelo qual a expressão «dar conta de tudo» só é usada para a mulher moderna. Afinal, só uma mulher moderna tentaria tantas tarefas ao mesmo tempo. Nenhum homem enlouqueceria a si mesmo tentando *fingir* que assou uma torta – e isso apenas para darmos um exemplo retirado da famosa cena de abertura de *Não sei como ela consegue*[23], romance publicado em 2002 por Allison Pearson e que nos oferece uma visão mais leve da guerra dos sexos.

Todavia, a imposição da neutralidade de gênero, por si só, é uma explicação que não vai longe o bastante. Algo mais jaz sob as pedras coletadas pelos elegantes textos de hoje acerca do casamento – algo que foge rastejando da luz ao mesmo tempo que se retorce abaixo da superfície de boa parte do novo confessionalismo. Em particular, a julgar por variadas fontes, a pornografia é a tinta invisível de muitos desses artigos e vidas – óbvia num instante, despercebida no outro, e portadora de uma mensagem que aparentemente ninguém vê. Entendida ou não, porém, ela

---

(22) Cf., por exemplo, Judith Treas e Sonia Drobnic (eds.), *Dividing the Domestic: Men, Women and Household Work in Cross-National Perspective*, Stanford University Press, Stanford, 2010.

(23) Allison Pearson, *Não sei como ela consegue*, Rocco, Rio de Janeiro, 2003.

parece estar deixando sua marca em ao menos algumas dessas vidas que hoje se desenrolam publicamente.

No artigo de Loh, por exemplo, certo marido – por acaso, um desses maridos que não manifestam mais interesse em ter relações sexuais com a esposa – deixa marcado nos favoritos do computador sua pornografia. A esposa sabe de tudo e até comenta com os amigos, que também lamentam por seus casamentos sem sexo. Ninguém, contudo, parece sequer ligar os pontos. Outra blogueira da revista *Salon*, refletindo a respeito do ensaio de Loh, também esbarrou nessa peça óbvia, mas faltante, do quebra-cabeça, observando, num artigo intitulado «Por que seu casamento é uma droga»: «Escrevo este artigo num quarto de hotel em Nova York, onde há a oferta de quase uma dúzia de filmes pornográficos» – fato este que a autora utiliza para enfatizar o que lhe parece ser uma ironia, quando na verdade poderia sugerir outra coisa: um elo possível, e na verdade bastante óbvio, entre todos esses filmes e a perda de interesse romântico por parte daqueles que os julgam inócuos[24].

Tomemos, ainda, o sucesso de crítica de um livro de 2007 que ganhou muito destaque. Trata-se de *Prefiro comer chocolate*, de Joan Sewell[25]. Elogiado na *Salon*, na *Atlantic* e em outros veículos de vanguarda, ele narra casualmente a história de um marido e uma esposa cuja tensão em torno do sexo conjugal leva, enfim, a uma solução amigável: ela fica com o chocolate e ele, com sua pornografia eletrônica. Repetindo: será que não há uma conexão entre todo esse papo casual sobre a pornogra-

---

(24) Amanda Fortini, «Why Your Marriage Sucks», *Salon*, 24 de junho de 2009. Disponível em: <http://www.salon.com/2009/06/24/vindication_love/>.

(25) Joan Sewell, *I'd Rather Eat Chocolate: Learning to Love My Low Libido*, Crown Archetype, Nova York, 2007.

2. O QUE A REVOLUÇÃO SEXUAL ESTÁ FAZENDO COM AS MULHERES?

fia (e entre seu uso) e todas essas mulheres frustradas e maridos desinteressados?

Por que o dr. Phil e qualquer pastor dos Estados Unidos entendem aquilo que tantas mulheres infelizes aparentemente não conseguem entender? A resposta está em que o tipo de feminismo que essas mulheres absorveram sem pensar veio a um grande custo. Ele as tornou ideológica, ainda que não pessoalmente, *blasé* a respeito de algo sobre o qual elas não podem se dar ao luxo de ser *blasé*. No livro *Porcas chauvinistas: as mulheres e a ascensão da cultura vulgar*, manifesto amplamente comentado de 2005, a escritora Ariel Levy elaborou a crônica da constante infiltração da pornografia na sociedade feminina[26]. A pressão sobre as mulheres em prol da aceitação da pornografia como algo divertido e sem maiores consequências aumenta o tempo todo – e, fora dos círculos conservadores e religiosos, há pouca munição cultural à disposição da mulher que deseja resistir a ela.

Outra das poucas autoras bem-pensantes que parecem ter apreendido o papel destrutivo da pornografia na vida amorosa moderna é Naomi Wolf, feminista da «terceira onda». Autora de vários livros atrozmente sinceros sobre a própria vida como filha da Revolução Sexual (um dos quais recebeu o franco título de *Promiscuidades*), ninguém dirá que Wolf é uma tradicionalista – seja no campo da moral, seja em qualquer outro quesito. Todavia, também ela se mostra disposta a identificar a obscenidade e a dizer, sobre ela, certas verdades que seus aliados ideológicos não falarão. Por exemplo, em 2003, num ensaio

---

(26) Ariel Levy, *Female Chauvinist Pigs: Women and the Rise of Raunch Culture*, Free Press, 2005.

particularmente controverso publicado na revista *New York*, ela observou que «as investidas da pornografia são responsáveis pelo esfacelamento da libido masculina a respeito das mulheres reais, levando os homens a ver cada vez menos delas à altura da pornografia»[27]. O tema continua a preocupá-la. Em 2011, depois da enervante implosão pública de certo deputado num escândalo de mensagens de teor sexual, Wolf observou que, «nos últimos anos, muitos homens de grande visibilidade [...] agiram de formas sexualmente destrutivas», o que a levou a questionar: «Será que a pornografia está enlouquecendo os homens?»[28]. É curioso, e nos diz muito a respeito de onde a Revolução nos deixou, que quase nenhuma de suas irmãs feministas a tenha acompanhado nesse questionamento.

Tudo isso nos leva de volta à questão do que as mulheres realmente querem. Neste mundo pós-revolucionário, o sexo se tornou mais fácil do que nunca; no entanto, quando o assunto é romance, parece que as coisas se invertem. Esse talvez seja o principal enigma enfrentado pelos homens e mulheres modernos: o da carência romântica em tempos de abundância sexual. É possível que algo da infelicidade moderna de que tantas mulheres, hoje, falam de maneira tão autêntica venha não de um deserto sexual, e sim de uma inundação de sexualidade, isto é, de uma torrente de imagens venenosas – para muitos, iniciada já na infância – que arrasta homens e mulheres e que, em algum momento, acabou por largá-los em algum lugar sozinhos e distantes, longe do alcance uns dos outros.

---

(27) Naomi Wolf, «The Porn Myth», *New York*, 20 de outubro de 2003. Disponível em: <http://nymag.com/nymetro/news/trends/n_9437/>.
(28) *Idem*, «Is Porn Driving Men Crazy?», *Project Syndicate*, 30 de junho de 2011. Disponível em: <http://www.project-syndicate.org/commentary/wolf37/English>.

Talvez esse modo de olhar o quebra-cabeça seja capaz de explicar algo do paradoxo de toda essa infelicidade feminina. Passando pelas péssimas ideias a respeito da neutralidade de gênero e pelas ideias, ainda piores, a respeito da inocência da pornografia, chegamos ao mundo que tantas mulheres insatisfeitas vividamente descrevem: um mundo no qual os homens agem como mulheres estereotípicas e, por meio da pornografia, fogem de relacionamentos reais rumo a uma vida de fantasia (bem à moda dos romances da editora Harlequin), um mundo no qual as mulheres, por outro lado, agem como homens estereotípicos, tomando a decisão de abandonar seus casamentos enquanto cospem acusações raivosas, graças à frustração e ao sexo que lhes é negado.

Não era para ser assim, mas foi o que aconteceu. O povo esclarecido que veio depois da Revolução Sexual só queria dar fim ao sexo com *s* minúsculo, isto é, à divisão indesejada entre os gêneros. No meio do caminho, porém, o Sexo com *s* maiúsculo parece ter procurado uma forma de ir embora junto com o primeiro, ao menos no que diz respeito a uma minoria amarga e barulhenta. Vale a pena meditar sobre a falta de intimidade sexual num mundo inundado de imagens sexuais, o que levanta para nós uma próxima – e óbvia – questão, que faz referência àquilo que a Revolução significou para outro subconjunto nada desprezível da população: os homens.

3.

O que a Revolução Sexual está fazendo com os homens?

Peter Pan e o peso da obscenidade

Nos últimos anos, o número de blogs, colunas, livros, ensaios e artigos que dissecam a adolescência perpétua do homem americano é grande demais para ser contado – isso sem falar no número ainda maior de e-mails, textos, programas femininos de TV e conversas informais dedicados ao tema. Parece que, por toda parte, aqueles que antes eram maridos, pais e provedores trocaram as gravatas e os cartões do plano de saúde por *videogames* e bonés virados para trás. Essa, ademais, é uma mensagem que a cultura popular também transmite o tempo inteiro – desde veículos para mulheres, como a série *Sex and the*

62   MARY EBERSTADT

City, àqueles populares entre os homens, incluindo exemplos de sucesso comercial como a franquia *Jackass* e praticamente todas as comédias sobre homens idiotas lançadas recentemente por Hollywood.

Não obstante, a questão de por que essa metamorfose aconteceu escapou, em grande parte, à atenção da crítica, com algumas poucas e notáveis exceções. Num ensaio minucioso de muitos anos atrás, por exemplo, Joseph Epstein analisou «O perpétuo adolescente e o triunfo da cultura juvenil», atribuindo o fenômeno, em última instância, à prosperidade do período pós-guerra: «Antes», teorizou, «com menos dinheiro à disposição, as pessoas eram forçadas a ser sérias, a crescer – e logo»[1]. Em 2007, Diana West tratou da mesma questão no livro, de título um tanto franco, *A morte do adulto: como o desenvolvimento incompleto dos Estados Unidos está colocando abaixo a civilização ocidental*[2]. A exemplo de Epstein, ela citou a riqueza como uma das causas, acrescentando também a Revolução Sexual e o desaparecimento generalizado de padrões adultos de conduta. Kay S. Hymowitz, em *Virando homem*, seu livro já mencionado de 2011, ofereceu ainda outra resposta nuançada, citando o melhor desempenho das mulheres na educação e um mercado de trabalho que exige mais tempo de estudo como fatores causais na ascensão do «homem-menino».

Todavia, muito embora esses e outros pensadores semelhantes tenham apreendido cada qual uma parte da verdade, certa-

---

(1) Joseph Epstein, «The Perpetual Adolescent and the Triumph of the Youth Culture», *Weekly Standard*, 15 de março de 2004. Disponível em: <http://www.weeklystandard.com/content/public/articles/000/000/003/825grtdi.asp>.

(2) Diana West, *The Death of the Grown-Up: How America's Arrested Development Is Bringing Down Western Civilization*, St. Martin's Press, Nova York, 2007.

mente é a Revolução Sexual o primeiro motor do fenômeno que todos descrevem. Parece ser assim por pelo menos duas razões. Primeiro, a Revolução culminou na atrofia do instinto protetor de muitos homens, uma vez que muitos deles não têm nada para proteger. Que a maioria deseje muito mais o sexo recreativo ao sexo procriador levou não somente à escassez de casamentos, mas também à escassez de nascimentos; e, como se costuma dizer, «não são os adultos que fazem bebês, mas os bebês é que fazem adultos».

Em seguida há um fato relacionado. Aquilo que se pode denominar mercantilização do amor, isto é, o modo como muitas pessoas compram sexo e romance da mesma forma como compram bens inanimados, teve uma consequência não premeditada de grande monta. Ela gerou mais consumidores criteriosos numa área da vida em que o excesso de critérios parece ser inimigo da satisfação a longo prazo. Em outras palavras, a busca perpétua, e muitas vezes bem-sucedida, de novidades sexuais contribui para solapar o romance. Não há outro lugar em que isso fique mais claro do que nas pesquisas mais recentes a respeito de outro aspecto desse menino-homem moderno: seu uso da obscenidade, ou aquilo que poderíamos muito bem tratar como o paradoxo do declínio da felicidade masculina numa era entupida de imagens sexuais.

Abordemos o paradoxo com uma analogia. Como se pode notar a partir do recente número de matérias de capa notavelmente deprimentes, uma epidemia de obesidade disseminou-se nos Estados Unidos e no resto do Ocidente. Porque é deletéria e nada saudável, ela é mencionada com frequência e tornou-se objeto de preocupação pública universal. Todavia, enquanto os Estados Unidos detêm-se nos maus hábitos que podem transformar crianças desavisadas em adultos infelizes, o que dizem a respeito dessa outra epidemia que tem muito mais chances de trazer infelicidade a suas vidas futuras do que uns quilinhos a mais? Trata-se do fenômeno que pode ser devidamente denominado «obesidade sexual», isto é, desse fartar-se de imagens pornográficas que é também deletério e nada saudável, ainda que poucos se voltem para ele como se voltam para a epidemia de obesidade e ainda que esteja longe de ser objeto de preocupação pública universal.

A expressão «obesidade sexual» é de Mary Ann Layden, psiquiatra responsável pelo Programa de Trauma Sexual e Psicopatologia da Universidade da Pensilvânia. Ela observa as vítimas do consumo da pornografia virtual em seu consultório todos os dias. Do mesmo modo, sabe o que a maioria não sabe: de maneira discreta, paciente e irrefutável, um registro empírico dos danos da obesidade sexual está sendo reunido pela união de esforços de psicólogos, sociólogos, especialistas em vício, psiquiatras e outras autoridades.

Os jovens expostos à pornografia têm mais chances de contabilizar múltiplos parceiros sexuais em suas vidas, de ter desfrutado de mais de um parceiro sexual nos últimos três meses, de ter usado álcool ou outras substâncias em seu último encontro sexual e, como era de esperar, de ter obtido pontuação mais alta no teste de «permissividade sexual». Eles também possuem mais chances de ter experimentado formas arriscadas de sexo, de ter praticado sexo forçado e de se tornarem criminosos sexuais. Quanto à desculpa-coringa de que «tudo o que isso revela é uma correlação», a refutação que se pode dar é semelhante à famosa refutação do imaterialismo de George Berkeley por Samuel Johnson, que tudo o que fez foi chutar uma pedra[3]. Ninguém minimamente sensato duvidaria de que há conexão entre observar atos sexuais e tentar experimentar aquilo que se vê; isso ocorre sobretudo no caso dos adolescentes, que, como todos sabem, macaqueiam imediatamente suas influências em outras esferas (desde a moda até o uso de drogas e outras coisas mais), o que já foi copiosamente estudado, ao longo de eras, tantos por especialistas acadêmicos quanto por pais nervosos.

Essa lista, ademais, é só um dos modos possíveis de começar um debate a respeito das consequências dessa obesidade nova que a doce obscenidade da internet induziu. Há ainda a questão do que esse material faz com os adultos, e sobre isso outro registro empírico também está sendo compilado. Em suma, a pornografia é hoje muito mais parecida com o que era ontem a obesidade: um problema social que aumenta com o tempo, gerando resultados especialmente preocupantes entre seus consumidores mais jovens e danos que apenas começaram a ser estudados com a seriedade que merecem.

Os paralelos entre as duas epidemias chamam a atenção. De modo muito semelhante à obesidade propriamente dita, o fenômeno da obesidade sexual permeia a população – ainda que, ao contrário da obesidade comum, o consumo de pornografia seja majoritariamente algo masculino (embora não de todo). Ao mesmo tempo, as evidências também revelam que a obesidade

---

(3) Um dos princípios da filosofia de George Berkeley afirmava que nada existe fora da percepção, inclusive a matéria. Conta-se, pois, que certa feita Berkeley e Samuel Johnson caminhavam juntos, com o primeiro procurando provar ao outro sua teoria. Então, Samuel Johnson, que a percebia claramente falsa, mas sabia-se incapaz de contradizê-la, teria chutado uma grande pedra e dito: «Eu a refuto assim». O «argumento», naturalmente, nada refutava, sendo antes um sinal de desdém. Esse tipo de estratégia passou a ser conhecido como *argumentum ad lapidem*. (N. do E.)

66   MARY EBERSTADT

sexual compartilha com sua congênere o seguinte denominador comum: aflige o subconjunto de seres humanos que formam a primeira geração imersa nesse consumo, muitos dos quais jamais conheceram um mundo sem ela – os jovens.

Vejamos alguns dos novos dados disponíveis acerca da imersão dos jovens americanos na pornografia. Um estudo de 2008 voltado para alunos de graduação e pós-graduação entre dezoito e vinte e seis anos verificou que mais de dois terços dos homens – e uma entre cada dez mulheres – via pornografia mais de uma vez por mês[4]. Outro estudo, publicado no *Journal of Adolescent Health*, mostrou que os calouros universitários que recorriam a conteúdo sexualmente explícito exibiam os seguintes traços: maior tolerância, o que resultava na busca de um material mais bizarro e esotérico; risco maior de problemas de imagem corporal, especialmente entre as meninas; e concepções errôneas e exageradas do quão correntes certos comportamentos sexuais, inclusive os arriscados e perigosos, efetivamente o são[5].

Em 2004, o Centro Nacional de Dependência e Abuso de Substâncias da Universidade de Columbia registrou que 65% dos meninos entre dezesseis e dezessete anos diziam ter amigos que baixavam pornografia da internet com regularidade[6] – e, levando em consideração que a pornografia é uma das coisas em

---

(4) J. S. Carroll *et al.*, «Generation XXX: Pornography Acceptance and Use among Emerging Adults», *Journal of Adolescent Research*, 23, n. 1, 2008, págs. 6-30.

(5) D. Zillman, «Influence of Unrestrained Access to Erotica on Adolescents' and Young Adults' Dispositions toward Sexuality», *Journal of Adolescent Health*, 27, 2000, págs. 41-44.

(6) The National Center on Addiction and Substance Abuse at Columbia University, «National Survey of American Attitudes on Substance Abuse IX: Teen Dating Practices and Sexual Activity», agosto de 2004, pág. 6. Para um resumo, cf. C. C. Radsch, «Teenagers' Sexual Activity Is Tied to Drugs and Drink», *New York Times*, 20 de agosto de 2004, pág. A14.

que as pessoas mentem «para menos» nas pesquisas e na vida, parece seguro dizer que esses números subestimam o consumo atual, quiçá até de modo significativo. E, para ligar os pontos entre o «ver» e o «fazer», um estudo de 2004 da *Pediatrics*, conduzido na Universidade da Califórnia por vários pesquisadores da RAND Corporation, noticiou, nas palavras mesmas de seu título, que «ver sexo na televisão pressagia a iniciação do comportamento sexual do adolescente». Essa certamente é uma descoberta problemática para aqueles que afirmam que não somos muito influenciados por aquilo que vemos[7].

É claro que todos esses dados que as ciências sociais vêm acumulando não são capazes de responder a uma pergunta quase tão onipresente quanto a própria pornografia: mas e daí? Por que as pessoas que não consomem pornografia deveriam se preocupar com isso? A pornografia, diriam muitos (e as grandes religiões estariam de acordo, é claro), pode ser um erro, mas, tirando o possível dano à alma do usuário, qual é realmente o mal social da obscenidade?

Essa atitude indiferente, essa entrincheirada recusa de olhar seriamente para o que a tela do computador de fato criou, é muito comum. É compreensível que as pessoas religiosas, bem como outras que simplesmente têm nojo do assunto, prefiram falar de quase qualquer outra coisa em público; os consumidores de pornografia provavelmente já terão deixado de ler estas palavras – ou quaisquer outras que critiquem a substância que escolheram – por motivos próprios. Essa cumplicidade é provavelmente a mais profunda fonte de silêncio sobre o proble-

---

(7) Rebecca L. Collins *et al.*, «Watching Sex on Television Predicts Adolescent Initiation of Sexual Behavior», *Pediatrics*, 114, n. 3, setembro de 2004, págs. e280-e289.

ma. Por fim, é claro, os usuários crônicos têm razões fortes para promover a mesma conversinha do «vale tudo, desde que em privado». Esse é um fenômeno interessante, a respeito do qual se falará mais depois.

Ainda assim, essa abordagem do «deixa disso», essa cooperação involuntária de partes díspares que simulam um consenso social, continua sendo errada. Tomemos um documento de 2009 assinado por cinquenta acadêmicos e outras autoridades de diversos campos, os quais destilam apenas parte das evidências empíricas recentes[8]. Com o título de *Os custos sociais da pornografia*, não se trata de obra de uma ou duas pessoas, mas de dezenas delas. Formado por uma maioria de acadêmicos e profissionais médicos, o grupo representa uma verdadeira coalizão de todas as cores do espectro: direita e esquerda, feminismo e conservadorismo, secularismo, judaísmo, cristianismo e islamismo... Trata-se de uma tentativa coletiva de transmitir, para o bem comum, apenas parte das evidências acadêmicas e terapêuticas, entre outras, que se acumulam a respeito do mal e da devastação hoje atribuíveis ao abuso da pornografia.

Rompendo a linguagem academicamente neutra do relatório – os estudos, os dados obtidos pelos questionários, a econometria etc. –, havia a carne e o osso das histórias assaz humanas que faziam parte daquilo tudo: os casamentos perdidos ou em frangalhos; os problemas sexuais dos viciados; a descida constante, em virtude da maior tolerância, a círculos mais selvagens desse inferno; as crianças e os adolescentes se sentiam atraídos a tomar parte nesse mundo horrendo, no esforço de

_____

(8) Devo dizer que o documento em questão, *Os custos sociais da pornografia*, foi corredigido por Mary Ann Layden e por mim (Quadrante, São Paulo, 2019).

agradar parceiros amorosos ou adultos abusivos... Em suma, a exemplo da conferência que o precedeu, esse relatório responde de maneira definitiva à libertária pergunta: «Pornografia? E daí?» – e o faz com um sólido «E daí o seguinte», trazendo oito descobertas documentadas a respeito dos riscos de distorcer o modelo sexual por meio de imagens pornográficas.

De todas as inverdades sobre o assunto que são hoje desautorizadas pelos registros factuais, concentremo-nos em apenas três das mais influentes e imprudentes.

A pornografia é uma questão privada. Provavelmente a abelha-rainha das mentiras acerca do tema, essa é também a mais fácil de derrubar. Com efeito, se o *consumo* da substância pode ser privado (ou não, como passageiros de avião, os frequentadores de bibliotecas e outras pessoas em ambientes públicos vêm descobrindo), as repercussões de parte desse consumo não o são.

Vejamos apenas alguns exemplos de estudos recentes feitos com menores de dezoito anos. Diversas pesquisas isoladas verificaram, entre os adolescentes, uma forte correlação entre o consumo de pornografia e a participação em várias atividades sexuais. Os usuários adolescentes têm mais chance de querer fazer sexo, de fazer sexo mais cedo e de fazer sexo com mais frequência[9]. Muito bem documentados, os custos sociais da atividade

---

(9) Sobre a maior chance de os adolescentes quererem fazer sexo, cf. K. L. L'Engle, J. Brown e K. Kenneavy, «The Mass Media Are an Important Context for Adolescents' Sexual Behavior», *Journal of Adolescent Health*, 38, n. 4, 2006, págs. 186-192. Sobre a iniciação precoce, cf. J. Brown e K. L'Engle, «X-Rated: Sexual Attitudes and Behaviors Associated with U.S. Early Adolescents' Exposure to Sexually Explicit Media», *Communication Research*, 36, 2009, págs. 129-151. Sobre a atividade sexual mais frequente dos adolescentes: L'Engle *et al.*, «The Mass Media Are an Important Context for Adolescents' Sexual Behavior». Cf. também G. Wingood *et al.*, «Exposure to X-Rated Movies and Adolescents' Sexual and Contraceptive Related Attitudes and Behaviors», *Pediatrics*, 107, n. 5, 2001, págs. 1116-1119.

sexual adolescente, assim como os custos que hoje se acumulam na esfera da saúde, solapam por si sós o refrão de que o uso de pornografia na internet hoje é «privado».

Tomemos ainda outras descobertas, mas agora referentes aos adultos. Em novembro de 2003, quando de uma reunião da Academia Americana de Advogados Matrimoniais (cujos membros constituem os 1600 principais advogados especializados em divórcio e direito matrimonial dos Estados Unidos), 62% dos 350 participantes disseram que a internet tivera influência sobre os divórcios durante o ano anterior[10]. Como todos já sabem a essa altura, o divórcio causa vários resultados adversos – financeiros e de outras naturezas –, bem como problemas nas crianças e adolescentes afetados por ele. Uma vez que o uso da pornografia aumenta a probabilidade da separação do casal, esse comportamento privado claramente tem consequências públicas.

Pornografia é coisa de homem; as mulheres só ficam incomodadas. Na verdade, alguns dos testemunhos mais tristes e pungentes a esse respeito estão relacionados exatamente a isto: ao mal que o consumo de pornografia pode causar aos homens que nela estão imersos.

Recordemos a pesquisa de Pamela Paul, ex-repórter da revista *Time* que entrevistou em profundidade mais de cem usuários heterossexuais de pornografia – 80% deles, homens – para o livro *Pornificados: como a pornografia está transformando a nossa vida, os nossos relacionamentos e as nossas famílias*[11]. Essa obra de 2005, a melhor já escrita para leigos sobre o impacto da porno-

---

(10) Cf. Pamela Paul, «The Porn Factor», *Time*, 29 de janeiro de 2004.

(11) Pamela Paul, *Pornificados: como a pornografia está transformando a nossa vida, os nossos relacionamentos e as nossas famílias*, Cultrix, São Paulo, 2006.

3. O QUE A REVOLUÇÃO SEXUAL ESTÁ FAZENDO COM OS HOMENS?

grafia virtual sobre os próprios usuários, é notável por diversas razões. Uma delas vem do retrato inesquecivelmente triste que é pintado, às vezes involuntariamente, pelos próprios usuários habituais. «Incontáveis homens», resume ela a partir das entrevistas, «descreveram-me como, ao consumir pornografia, perderam a capacidade de relacionar-se com as mulheres ou de ter intimidade com elas. Eles têm dificuldades em ficar excitados com mulheres "reais", e suas vidas sexuais com suas namoradas e esposas se esfacelam»[12].

A mesma observação foi ecoada por autoridades médicas, entre elas Norman Doidge, médico especializado em neuropsiquiatria e autor de *O cérebro que se transforma*[13]. Após atuar, no começo e em meados da década de 1990, no tratamento de homens com hábitos pornográficos, ele descobriu que uma queixa comum era a de que eles não se viam mais capazes de ter relações sexuais com as próprias esposas. «Os pornógrafos», conclui, «prometem um prazer saudável e o alívio da tensão sexual, mas o que entregam no mais das vezes é vício, tolerância e, por fim, diminuição do prazer. Paradoxalmente, os pacientes homens com quem trabalhei frequentemente ansiavam pela pornografia, mas não gostavam dela».

O ódio de si, contudo, dificilmente se limita aos casos mais extremos. Em 2010, o *website* conservador *National Review Online*, que tem muitos leitores, publicou um artigo anônimo e amplamente debatido chamado «Falando sério sobre porno-

---

(12) Pamela Paul, «From Pornography to Porno to Porn: How Porn Became the Norm», em James R. Stoner Jr. e Donna M. Hughes (org.), *The Social Cost of Pornography: A Collection of Papers*, Witherspoon Institute, Princeton, 2010, pág. 6.

(13) Norman Doidge, *O cérebro que se transforma: como a neurociência pode curar as pessoas*, Record, Rio de Janeiro, 2011.

grafia». Sua autora, mãe de cinco, detalhou e deplorou o papel da pornografia tal qual ela o percebeu na destruição de seu casamento. O resultado foi uma enxurrada de e-mails calorosos, inclusive de gente que explora o uso da pornografia e seu impacto. Talvez os testemunhos mais pungentes tenham sido os dos usuários cujas vidas haviam sido arrasadas por ela.

Nas palavras memoráveis com que Roger Scruton apresentou o paradoxo dos homens e da pornografia: «Este me parece ser o verdadeiro risco associado à pornografia. Aqueles que se viciam nessa forma de sexo sem riscos correm um risco de outra ordem: o da perda do amor num mundo em que somente o amor traz felicidade»[14].

Tudo não passa de fotos de adultos agindo livremente. A menos que seja simulada por computador, a pornografia nunca tem que ver apenas com fotos. Cada indivíduo na tela é irmã, prima, filho, sobrinha ou mãe de alguém; cada um existe numa relação humana com o mundo.

Para começar, a ideia de que aqueles que estão no «ramo» não são prejudicados pelo que fazem não sobrevive nem à leitura mais breve dos testemunhos em contrário oferecida por quem deu as costas a ele. Trata-se de um mundo repleto de tudo aquilo que não queremos de jeito nenhum para alguém que amamos: drogas, exploração, danos físicos, Aids...

A afirmação de que se trata de meras fotos também não sobrevive às conexões extremamente perturbadoras – ou que deveriam perturbar – entre a pornografia e a prostituição. Aquilo que hoje é chamado de «tráfico sexual», por exemplo,

---

(14) Roger Scruton, «The Abuse of Sex», em *The Social Costs of Pornography: A Collection of Papers*, pág. 125.

3. O QUE A REVOLUÇÃO SEXUAL ESTÁ FAZENDO COM OS HOMENS?

está muitas vezes associado à pornografia, do que dão mostra as câmeras e os equipamentos de filmagem encontrados quando os círculos de tráfico são desmontados. Como fica claro, a realidade dos seres humanos por trás da maioria dessas imagens virtuais é mais pobre, mais suja, mais drogada – e mais jovem – do que pode suportar o piedoso argumento dos «adultos agindo livremente».

* * *

Talvez venha a surgir, do meio de nossos cruzados públicos contra a obesidade «comum», alguém de estatura capaz de dedicar algum tempo também a essa outra epidemia. Afinal, por menos convidativo que seja esse lodo, a recompensa por enfrentar a epidemia pode ser profunda. De fato, em meio à imundície, à infelicidade e ao resto das más notícias a respeito da obesidade sexual, a má notícia não é a única notícia – de jeito nenhum.

Onde abundou o pecado, diz a Epístola de Paulo aos Romanos, *superabundou a graça* (Rm 5, 20). O registro do que a pornografia criou revela também esse tipo de abundância, embora talvez não se trate, ainda, de matéria de estudo acadêmico. Vejamos apenas o tremendo esforço dispendido nas tentativas de suprimir o hábito. Vejamos a energia que anima todas as tentativas de reparar os danos causados – as buscas de aconselhamento, de terapeutas, de padres, de pastores e de outros que trabalham nessas horrendas trincheiras para ajudar os viciados a recuperar suas vidas reais. Vejamos também a nova engenhosidade tecnológica: os novos programas, os filtros, os esforços contraculturais, as iniciativas contra a maré que, aqui e ali, procuram conter o avanço público da pornografia.

Vasculhar o registro multifacetado dessa luta incipiente, mas cada vez maior, contra o também crescente registro dos males da pornografia é apreender uma verdade sobre o paradoxo masculino pós-revolucionário que jaz além do caráter ridículo das recriminações cansadas e injuriosas dos que ainda estão no abismo. Trata-se de enxergar a redenção, de espreitar a esperança ali onde há pessoas desesperadas precisando dela — e precisando muito.

4.

O que a Revolução Sexual está fazendo com as crianças?

A «pedofilia chique» ontem e hoje

Um dos problemas de qualquer revolução está em que a fera quase inevitavelmente fica forte demais para ser controlada. E, no que diz respeito à Revolução de que aqui tratamos, isso certamente se aplica. Eis, por exemplo, por que aqueles que pretendem usar o «consentimento dos adultos» como nova baliza moral não enxergam um dos fatos mais importantes a respeito do que realmente aconteceu no mundo posterior à pílula. Não seriam apenas os maiores de idade, mas também as crianças, os arrastados pela maré da Revolução – e isso até mesmo como possíveis objetos dos desígnios sexuais dos adultos. Podemos abordar esse assunto a partir de um microcosmo do *Zeitgeist* que mostrou-se altamente esclarecedor: o inesperado furor, em 2009, a respeito de um crime cometido décadas antes por um famoso diretor de cinema.

É simples o motivo pelo qual o monstruoso crime da pedofilia tem relevância: numa era cada vez mais secular, trata-se de um dos poucos tabus sobre os quais os dois lados da barreira religiosa conseguem concordar. Ele continua sendo um indicador do certo e do errado num mundo em que todos os outros indicadores foram apagados.

E é também essa a razão pela qual as questões relacionadas à tentativa de extradição, em 2009, de Roman Polanski em virtude do estupro de uma menina em 1977 logo se tornaram uma espécie de teste de Rorschach[1] da nossa época. Sofisticação contra pudicícia, a moralidade da década de 1970 contra a moralidade de hoje, artistas europeus contra a legislação americana, Hollywood contra o americano médio... Levando em consideração todos os nervos culturais e morais que foram tocados pelo caso, não chega a admirar que o *affaire* Polanski tenha gerado os comentários volumosos e apaixonados que gerou.

Ainda assim, e para a surpresa de muitos comentadores, houve o fato singularmente interessante de que, no meio de toda essa infelicidade, o diretor e seu destino suscitaram pouca simpatia em praticamente todo o território americano. Com efeito, o caso Polanski de algum modo conseguiu fazer o que ninguém que estivesse efetivamente tentando conseguira em anos: unir praticamente todos os americanos, tanto

---

(1) Também conhecido como «teste do borrão de tinta», o célebre teste psicológico de Rorschach consiste em apresentar pranchas com manchas de tinta ao paciente, que deve dizer com o que elas se parecem. Desse modo, seria possível compreender algo de sua vida psicológica. (N. do E.)

4. O QUE A REVOLUÇÃO SEXUAL ESTÁ FAZENDO COM AS CRIANÇAS?

progressistas quanto conservadores – nesse caso, contra o desafortunado diretor.

Faz muito tempo que a esquerda nos Estados Unidos não compete com a direita pela posição de superioridade numa acusação moral, mas assim foi a corrida estranhamente intrigante que seguiu-se à prisão de Polanski na Suíça em setembro de 2009. Um dos manifestos que ajudou a fazer do caso uma febre midiática – e que levou o franco título de «Lembrete: Polanski estuprou uma criança» – foi publicado na *Salon*, veículo de inclinação esquerdista, e em seguida ricocheteou pela blogosfera com o firme assentimento de muitos *sites* mais conservadores do ponto de vista social[2]. O *New York Times* e o *Washington Post*, também em aparente incoerência, publicaram editoriais sobre o caso com palavras que o *Washington Times* ou a Liga Católica poderiam reproduzir integralmente. E assim prosseguiu o incomum consenso. «Se a conveniência de punir estupradores de crianças fosse a única questão do país», observou certo blogueiro conservador no ápice da repercussão do caso no ciberespaço, «creio que poderíamos dar as mãos à esquerda e cantar juntos [...]»[3].

* * *

A questão, obviamente, é *por que* toda essa unanimidade? Afinal, não faz muito tempo que algumas mentes esclareci-

---

(2) Kate Harding, «Reminder: Roman Polanski Raped a Child» *Salon*, 28 de setembro de 2009. Disponível em: <http://www.salon.com/2009/09/28/polanski_arrest/>.

(3) «Leftists and Conservatives Can Agree: Polanski Is a Child Rapist Who Should Face Justice», *Patterico's Pontifications*, 30 de setembro de 2009. Disponível em: <http://patterico.com/2009/09/30/leftists-and-conservatives-can-agree-polanski-is-a-child-rapist-who-should-face-justice/>.

das propagavam uma visão consideravelmente mais relaxada do sexo com gente mais nova, sem que tivessem medo de dizer isso.

Sobretudo da década de 1970 aos anos 1990, foram lançados alguns balões de teste que hoje praticamente ninguém nos Estados Unidos ousaria lançar. Alguns, entre eles romancistas celebrados, questionaram diretamente se o sexo com menores não valeria um ou dois gritos de aprovação. Outras vozes sofisticadas perguntaram-se em voz alta se o «sexo intergeracional» era realmente tão ruim assim, ao menos no que diz respeito aos meninos. Outros ainda tentavam assumir uma posição que poderia ser chamada de «antiantipedofilia». Tratava-se da noção, frequentemente enunciada, de que o abuso sexual de crianças, apesar de errado, culminara em algo que também era errado: uma espécie de histeria nacional, um exemplo do famoso «estilo paranoico» que o historiador Richard Hofstadter identificou nos americanos.

Levando em consideração os registros públicos daqueles anos, tinha-se a impressão, na verdade, de que já estava mais do que na hora de falar em «pedofilia chique», como pude mencionar em dois ensaios escritos com vários anos de diferença (1996 e 2001) na revista *Weekly Standard*[4]. Esses ensaios consistiam sobretudo em citações – às vezes longas – de diversas fontes públicas que demonstravam algo que a maioria das pessoas, assim como hoje, teria considerado chocante à época: que certo simplismo moral quanto à pedofilia (atração sexual

---

(4) Mary Eberstadt, «Pedophilia Chic», *Weekly Standard*, 1, n. 39, 17 de junho de 1996. Disponível em: <http://www.weeklystandard.com/Content/Protected/Articles/000/000/007/364gmpep.asp>; «"Pedophilia Chic" Reconsidered», *Weekly Standard*, 6, n. 16, 1º de janeiro de 2001. Disponível em: <http://www.weeklystandard.com/Content/Protected/Articles/000/000/010/500geaie.asp>.

por crianças) e à efebofilia (atração sexual por adolescentes) ganhava terreno lenta e seguramente na sociedade esclarecida. E, se alguns críticos resistiram a que esse registro viesse à tona, as objeções foram extemporâneas. Os fatos mesmos a respeito de quem disse o que naqueles anos a fim de minimizar o fenômeno do sexo com menores encontravam-se além de qualquer discussão. E ainda se encontram.

O fenômeno da pedofilia chique revelou a possibilidade incrivelmente perturbadora de que a sociedade, em especial aquela letrada e esclarecida, estava em vias de sancionar algumas exceções ao tabu do sexo com menores de idade – particularmente, o sexo entre homens e meninos. No que toca ao direito penal, as meninas são muitas vezes vítimas, infelizmente, de homens mais velhos. O que o registro mostrou durante a década de 1990 foi que, no caso das meninas, o tabu permanecia firme, ao passo que, no caso dos meninos, não. Em outras palavras, para retomarmos o exemplo com que começamos, se Roman Polanski tivesse sido preso pelo mesmo crime uma década antes, o resultado mais provável seria a mesma revolta que testemunhamos.

Passamos então à pergunta mais difícil: será que Polanski, em 2009, ainda teria unido contra si quase os Estados Unidos inteiro se sua vítima tivesse sido um menino de treze anos, e não uma garota dessa idade? A resposta, como talvez venha a surpreender, é sim – e por razões curiosas, ainda que inesperadas.

Claro está que os limites da discussão pública, ao menos no quesito «sexo com menores», são mais restritivos hoje do que eram na década de 1990. Na época, as nocivas repercussões morais dos anos 1960 e 1970 estavam mais frescas e visíveis no ambiente público. Por exemplo, a *New Republic* publicou

80   MARY EBERSTADT

então um curto artigo intitulado «Chickenhawk» (gíria pedó-
fila para «menino», em inglês) que discutia um curta-metra-
gem sobre a Associação Americana pelo Amor entre Homens
e Meninos[5]. O artigo expressava simpatia pelos pederastas (e
aspirantes a pederastas) ali retratados, ecoando-os ao questionar se às vezes não seriam os *meninos* os verdadeiros predadores
no sexo entre homens e garotos. O artigo joga de tal maneira
contra si mesmo, é tão representativo de uma época em que
questionar em voz alta o «sexo entre homens e meninos» não
trazia nenhum tipo de sanção por parte dos leitores de uma
grande revista, que seria possível citar praticamente qualquer
frase sua para obter o efeito desejado. «Talvez um rapagão em
flor tenha mais poder do que um solitário em idade avançada
e acima do peso», por exemplo.

Quando chegou a hora de falar de Polanski, porém, os blogueiros da mesma revista pareciam competir para ver quem
denunciaria mais sonoramente o estuprador confesso e seus defensores. Além disso, e o que é ainda mais importante, muitos estavam atacando não apenas a ideia do sexo com *meninas* menores
de idade, mas com todos os menores, ponto final.

Do mesmo modo, dezessete anos atrás, outra revista de sofisticados, a *Vanity Fair*, publicou um texto que amenizava o fato
de um professor ter sido flagrado enquanto filmava meninos
sorrateiramente no chuveiro, interpolando em seguida as imagens em filmes pornográficos[6]. O artigo não apenas pintava o
professor como vítima de seus acusadores, mas também retra-
tava negativamente um deles. Além disso, o texto fundia pedo-

---

(5) «Chickenhawk», Coluna «Washington Diarist», *New Republic*, 8 de maio de 1995.
(6) Jesse Kornbluth, «Exeter's Passion Play», *Vanity Fair*, dezembro de 1992.

4. O QUE A REVOLUÇÃO SEXUAL ESTÁ FAZENDO COM AS CRIANÇAS?

filia e homossexualidade, jogando a culpa pela vitimização do professor numa atmosfera escolar que supostamente o deixara «preso no armário».

Terceiro exemplo: em 1998, o prestigioso *Psychological Bulletin*, periódico publicado pela Associação Americana de Psicologia, publicou um estudo que logo se tornou notório, intitulado «Exame meta-analítico das propriedades presumidas do abuso sexual de crianças a partir de amostras universitárias»[7]. Nele, três pesquisadores questionavam «a difundida crença de que o abuso sexual infantil por si só causa prejuízo intenso, independentemente de gênero». Os autores ainda criticavam o uso de termos convencionais como «vítima» e «infrator», recomendando que «uma união voluntária com reações positivas» fosse chamada apenas de «sexo entre um adulto e uma criança». Para piorar, também comparavam o sexo entre um adulto e uma criança a outros comportamentos que a Associação Americana de Psicologia outrora considerara patológicos, mas não considera mais – dando claramente a entender que a prática um dia também será normalizada nos círculos terapêuticos.

Alguém consegue imaginar um estudo parecido sendo publicado num veículo de igual prestígio hoje em dia? Uma busca no *site* da Associação Americana de Psicologia sugere que a última vez que se utilizou a palavra «pedofilia» ali foi em 1999 – surpreendentemente, numa carta dirigida a Tom DeLay que tentava distanciar a instituição do artigo: «A posição da Associação», dizia, «é de que a atividade sexual entre crianças e adultos

---

(7) Bruce Rind, Philip Tromovich e Robert Bauserman, «A Meta-Analytic Examination of Assumed Properties of Child Sexual Abuse Using College Samples», *Psychological Bulletin*, 124, n. 1, 1998, págs. 22-53.

82 MARY EBERSTADT

nunca deveria ser considerada inofensiva ou aceitável, tampouco assim rotulada»[8].

Vejamos ainda um último exemplo, especialmente surreal. Em 1989, a revista *Nation* publicou um curto texto intitulado «Da verdade e ficção», escrito por um romancista que dizia ter escrito recentemente «um livro de entretenimento sobre um detetive de San Francisco que deparara com o transporte de garotos haitianos para gente interessada em meninos no mundo inteiro». Ao que parece, no interesse de promover o livro, o romancista relatou aos leitores da *Nation* que havia verificado seu «fundamento factual» graças, em parte, a um «padre americano, culto e encantador, que educava meninos para exportação». Durante uma visita à ilha, o autor também prestara «uma visita à casa de *Monsieur* G., cujo negócio era cultivar, treinar e exportar rapazes de boa aparência». Em festa na casa de G., um dos outros convivas, um francês, explica por que estava visitando o Haiti: porque «sua insônia exigia dois rapazes negros toda noite – a cada noite, dois diferentes»[9].

E assim seguiu essa mundana história, com ainda mais uísque sendo servido por meninos em *shorts* brancos e «outras diversões [...] antes da orgia» noturna (antes da qual o autor supostamente saíra). «Da verdade e ficção», publicado no auge da crise da Aids, época em que os meninos haitianos prostituídos morriam aos montes, era horrendo. No entanto, serve como perfeito exemplo do tipo de pedofilia chique que apenas

---

(8) Raymond D. Fowler, «Letter to the Honorable Rep. Delay», Associação Americana de Psicologia, 9 de setembro de 1999. Disponível em: <http://www.apa.org/releases/childsexabuse.html>.

(9) Herbert Gold, «On Truth and Fiction», *Nation*, 18 de dezembro de 1989. Disponível em: <http://www.thenation.com/archive/truth-and-fiction>.

alguns anos atrás não fazia erguer sobrancelha nenhuma em certos ambientes esclarecidos.

Mais uma vez, esse tipo de aceno à pederastia teria hoje muito menos chances de chegar às páginas de qualquer revista. Aliás, se um texto desse *fosse* publicado, provocaria uma enxurrada de comentários, incluindo pedidos de prisão e de investigações internacionais dos personagens envolvidos. Como se para confirmar isso, a mesma revista *Nation*, responsável pela relaxada reportagem sobre o turismo pedófilo mais de vinte anos atrás, também publicou, em 2009, um dos artigos mais veementes sobre o *affaire* Polanski: uma coluna da feminista Katha Pollitt que foi maciçamente reproduzida na internet. A defesa do diretor por Hollywood, concluía ela, «revela a elite cultural progressista no que tem de pior em termos de vaidade e tolice. [...] Não admira que o americano médio a odeie»[10].

* * *

O que aconteceu, porém, para transformar o «sexo intergeracional» de ontem nos pedidos de enforcamento de Roman Polanski e outros agressores da mesma laia? Em grande parte, diria eu, o que se deu foi algo inesperado e portentoso: os escândalos dos padres católicos nos primeiros anos da década de 2000, os quais alteraram profundamente, e por duas razões, as regras básicas daquilo que pode – e não pode – ser dito em público a respeito da sedução e do abuso de menores.

Em primeiro lugar, os escândalos deixaram claro que ao menos um ponto não estava mais em disputa: o fato de que o abuso

---

(10) Katha Pollitt, «Roman Polanski Has a Lot of Friends», *Nation*, 1º de outubro de 2009. Disponível em: <http://www.thenation.com/blog/roman-polanski-has-lot-friends>.

sexual dos jovens causa feridas verdadeiras e duradouras. Como fica claro a partir dos exemplos anteriores (e também de muitos outros), nos anos que precederam os escândalos vários autores contestavam exatamente isso. Hoje, contudo, graças ao testemunho que muitas vítimas ofereceram quando dos escândalos sacerdotais, é difícil imaginá-los fazendo a mesma coisa.

Todos aqueles homens crescidos chorando diante das câmeras, recordando a própria infância e descrevendo, em testemunhos de partir o coração, a sensação de ter a inocência roubada... Será preciso muito tempo para que sumam imagens tão fortes do imaginário público. Ao menos por ora, ninguém dirá que as vítimas tiveram o que mereceram, que de algum modo elas pediram aquilo, ou ainda que ser seduzido por um adulto não foi tão ruim assim – três ideias que circulavam antes de os escândalos irromperem. Além disso, o fato de a vasta maioria das vítimas ter sido do sexo masculino – 81% delas, de acordo com o definitivo estudo da Faculdade John Jay de Justiça Criminal – mostrou-se um antídoto particularmente forte para a venenosa opinião sobre os meninos que circulara antes[11].

Num fascinante período de de jiu-jitsu moral, os escândalos ajudaram também a reparar o consenso público pré-existente contra as relações sexuais com menores de idade. Como seria natural, durante os escândalos e depois, o espetáculo de padres infratores mostrou-se irresistível para aqueles que já odiavam a Igreja Católica. Também foram atraídas pelo barulho outras almas, mais refinadas, que simplesmente desejam o

---

(11) *The Nature and Scope of the Problem of Sexual Abuse of Minors by Catholic Priests and Deacons in the United States: A Research Study Conducted by the John Jay College of Criminal Justice*, publicado pela Faculdade John Jay de Justiça Criminal e disponível em: <www.jjay.cuny.edu/churchstudy/main/asp>.

mal à Igreja por uma questão de hábito, porque desejam que ela se conforme àquilo que elas entendem por «católico». E assim, durante os escândalos, os subconjuntos de detratores da Igreja – não católicos, anticatólicos, e católicos contrários à hierarquia eclesiástica – aproveitaram toda e qualquer oportunidade para flagelar a instituição e afirmar sua própria superioridade moral.

E, de fato, houve muita superioridade moral a ser afirmada. Algumas autoridades da Igreja tolamente fizeram-se de avestruzes quanto aos escândalos. Outros cooperaram formal ou informalmente com o mal dos crimes. Com tanta culpa para circular, era difícil culpar os críticos por transformarem os escândalos em oportunidade para manifestar ainda outro rancor contra o cristianismo – em particular, contra os ensinamentos tradicionais sobre a moral sexual.

Porém, essa festa do ódio contra a Igreja Católica graças aos escândalos entre padres e meninos, por mais exuberante que tenha sido para alguns, também teve efeitos inesperados: colocou esses críticos no novo papel de defensores dos jovens e inocentes; em outras palavras, criou toda uma nova classe de antipederastas. E, como os críticos mais duros da Igreja são, de maneira geral, o mesmo tipo de gente esclarecida que nos deu a pedofilia chique, a tudo isso subjazia uma contradição. Afinal, ou você apontava o grave erro moral daquilo que os padres transgressores haviam feito *ou* você minimizava o sofrimento das vítimas, como faziam os apologistas da pedofilia antes dos escândalos. O que não era plausível, ao menos em público, era fazer as duas coisas. E assim, de um jeito impossível de ser previsto, mas que obviamente só fez bem, os escândalos sacerdotais impossibilitaram aquele olhar mais bondoso e gentil para o sexo com menores que alguns *salonistes* até ali arriscavam.

Voltemo-nos para a Europa em busca de um contraste. Por que, após a prisão de Polanski, parte da elite do continente – junto com alguns americanos europeizados, caso de muitos em Hollywood – adota uma visão *blasé* a respeito do estupro infantil? A resposta mais óbvia é a que se aplica: os escândalos sacerdotais prejudicaram muito mais gente nos Estados Unidos do que na Europa. Os escândalos serviram aqui como lustração não apenas da Igreja e seus seminários, mas também da opinião pública, entre a qual figuravam as declarações públicas dos comentadores mais seculares.

Antes de dar vivas por essa ordem inesperada e bem-vinda, devemos ter em mente outras verdades. Em primeiro lugar, dizer que o padrão duplo de julgamento nos casos de exploração sexual de menores diminuiu claramente não é o mesmo que dizer que ele desapareceu por completo.

De modo ainda mais grave, a globalização parece facilitar cada vez mais os crimes sexuais contra os mais jovens. Tomemos a denúncia de turismo sexual feita na França, em 2009, contra Frédéric Mitterrand, ministro da cultura que foi um dos principais defensores de Polanski e cujo romance autobiográfico fala abertamente de seu uso de meninos de programa («Adquiri o hábito de pagar por meninos», explicou[12]). Junto com aqueles que não acham que sexo com menores é tão ruim assim, há outros que ativamente os buscam, seja em pessoa, seja no ciberespaço.

Em terceiro lugar, ainda há ambientes de destaque em que

---

(12) Katrin Bennhold, «French Culture Minister Refuses to Resign over Paid Sex Trysts», *New York Times*, 8 de outubro de 2009, pág. A6.

4. O QUE A REVOLUÇÃO SEXUAL ESTÁ FAZENDO COM AS CRIANÇAS?

a pedofilia não deixou de ser chique. Consideremos a sórdida reação, vinda sobretudo de Hollywood, ao *affaire* Polanski. Foi como se alguém tivesse transformado em vida real *Estou perdendo você*, romance ferozmente depressivo publicado em 1996 por Bruce Wagner e que nos traz um retrato horrendo, mas amplamente crível, da decadência de Hollywood, com direito a algumas crianças molestadas[13]. Como bem observou Jonah Goldberg, a defesa de Polanski foi interessante como «contraste, "ressaltando" todo um arquipélago de pessoas moralmente acabadas»[14].

Não obstante, acolhamos as boas-novas sempre que nos for possível recebê-las. O furor público nos Estados Unidos em torno do estupro de uma menina de treze anos por Roman Polanski deixou claro que, na maior parte do país, o *savoir-faire* itinerante a respeito do sexo com menores foi afastado do *mainstream* e forçado a voltar ao subsolo. Trata-se de um consenso que não existia com essa força uma década atrás, e os escândalos sacerdotais são em grande parte responsáveis por isso.

Se há caso recente e mais claro da obtenção de um bem a partir do mal, demoraremos para encontrá-lo. Nesse ínterim, ao menos por ora, podemos nos mostrar gratos por algo que tantas vezes escapa à compreensão do mundo, isto é, por esse caso pequeno, mas verdadeiro, de progresso moral – o qual é um pouquinho auspicioso para os mais novos e inocentes, ainda que confirme que a Revolução Sexual fez do mundo um lugar mais perigoso para eles.

---

(13) Bruce Wagner, *I'm Losing You*, Villard, Nova York, 1996.

(14) Jonah Goldberg, «Polanski Controversy Shouldn't Be Controversial», *National Review Online*, 2 de outubro de 2009. Disponível em: <http://www.nationalreview.com/articles/228335/polanski-controversy-shouldnt-be- controversial/jonah-goldberg>.

5.

O que a Revolução Sexual está fazendo com os jovens adultos?

O que fazer com a Universidade Tóxica?

Os cínicos dirão que sempre foi assim, e dessa vez os cínicos estarão errados. Hoje em dia, realmente há coisas novas sob o sol do ensino superior – ou sob a lua, se levarmos em consideração os hábitos noturnos dessas criaturas.

Seja bem-vindo aos corredores da «Universidade Tóxica», uma instituição de ensino experimental a que os pais nunca são convidados. A Universidade Tóxica nem sempre é visível; muitos alunos, em seu dia a dia, nem sequer estão cientes de sua existência. Ela existe numa espécie de mundo secundário, no qual se entra do próprio quarto por uma espécie de espelho – ou, mais provavelmente, por meio daquele convite do Facebook para uma festa muito louca no sábado à noite. É assim que os calouros frequentemente se matriculam.

Todo outono, um número desconhecido de jovens viçosos e

promissores escorrega por esse espelho moderno e vai parar num pátio diferente. Ali, veem-se coisas que muitos nunca viram antes e das quais autoridade nenhuma pode então protegê-los. Na Universidade Tóxica não há autoridades; há, antes, predadores e presas. De dia, seus alunos se parecem com todos os outros do *campus*: talentosos, cheios de esperança, membros privilegiados das melhores universidades do mundo... À noite, porém, naquele outro pátio, alguns seriam tão irreconhecíveis quanto lobisomens para as pessoas com quem conviveram até ali.

Com a exceção de um vislumbre oferecido por Tom Wolfe em *Eu sou Charlotte Simmons*, romance brilhante e subestimado de 2004 que mostra, com detalhes extraordinários, a gradual descida de uma bolsista jovem e ingênua a um mundo desses, no qual busca *status* social numa escola de prestígio, esse terreno mal começou a ser mapeado[1]. De vez em quando, surge uma ou outra pesquisa relevante, como o Estudo de Agressões Sexuais nos *Campi*, de 2007, que relata que nada menos do que 19% das jovens universitárias disseram ter sofrido «tentativas de agressões sexuais ou agressões sexuais consumadas desde o ingresso na universidade», ou ainda vários outros estudos que revelam que as bebedeiras e o abuso do álcool são mais altos entre os estudantes, tanto do sexo masculino quanto feminino, do que na população não universitária[2].

---

(1) Tom Wolfe, *Eu sou Charlotte Simmons*, Rocco, Rio de Janeiro, 2005.

(2) Christopher P. Krebs *et al.*, *The Campus Sexual Assault (CSA) Study*, Relatório de pesquisa apresentado ao Instituto Nacional de Justiça, outubro de 2007, seção 5, pág. 3. Nele enfatiza-se que «as mulheres nas universidades correm considerável risco de sofrer agressões sexuais, em especial relacionadas a drogas ou álcool». Vários estudos também mostraram que os universitários bebem mais, e com maior frequência, do que seus colegas da população não universitária. Cf., por exemplo, Grace M. Barnes *et al.*, «Comparisons of Gambling and Alcohol Use among College Students and Noncollege Young People in the United States», *Journal of American College Health*, 58, 2010, págs. 443-452.

Com imensa frequência, estudos como esses não ganham as manchetes como deveriam. Por exemplo, uma pesquisa de 2004, publicada no *American Journal of Preventive Medicine*, revela que fazer sexo ou usar drogas (ou ambos) aumenta significativamente o risco de suicídio e depressão nos jovens e que os adolescentes que não praticam nada disso têm baixo risco de suicídio e depressão[3]. Esses vislumbres do que acontece por trás da fachada da Universidade Tóxica, porém, logo se esvaem. Em pouco tempo, ninguém mais está olhando, e o trânsito entre o *campus* diurno e o noturno segue inalterado.

Não é que os pais não tenham motivos – às vezes, centenas de milhares de motivos – para fingir que nada veem. *Todo mundo faz besteira na faculdade*, dizemos todos a nós mesmos. *Faz parte do amadurecimento! Além do mais, quem sou eu para falar alguma coisa? De todo modo, meu filho e minha filha não me dão motivos para preocupações.* Aferrando-se a um monólogo consolador como esse, muitos pais acabarão sem saber nada ou quase nada da vida extracurricular de seus filhos após o comovente ingresso deles na universidade.

É claro que muitas mães e muitos pais – benditos sejam! – não precisarão se preocupar nem um pouco com a Universidade Tóxica. Do mesmo modo, muitos estudantes terão sucesso em seus quatro anos no *campus*. E como não teriam? Em seu melhor, as faculdades e universidades americanas continuam a ser os lugares mais gloriosos e eletrizantes do planeta. Muitos rapazes e muitas moças se formarão exatamente como prometido, isto é, como herdeiros de um horizonte expandido do ponto de

---

(3) Denise D. Hallfors *et al.*, «Adolescent Depression and Suicide Risk: Association with Sex and Drug Behavior», *American Journal of Preventive Medicine*, 27, n. 3, 2004, págs. 224-231.

vista intelectual, social, etc., bem como repletos de memórias queridas e de uma compreensão mais rica – e tudo isso com a dignidade e o senso de si ainda intactos.

Este capítulo não trata desses alunos. Trata, antes, daqueles que, como Charlotte Simmons, chegam ingênuos à Universidade Tóxica, têm experiências opostas às dos estudantes de sucesso e saem, quatro anos depois, explorados e piorados. *Eu sou Charlotte Simmons* é ficção no que tem de melhor – no sentido de que a existência de pessoas reais semelhantes a Charlotte tornou-se um fato cada vez mais bem documentado, em mais um legado da Revolução Sexual.

Comecemos com um dos passatempos que definem a Universidade Tóxica: as bebedeiras. Os universitários de hoje bebem tão mais do que a maioria de seus pais que estes não se lembrarão ou acreditarão em algo parecido. Um relatório de 2007 do chefe da saúde pública dos Estados Unidos aponta que cerca de 80% dos alunos tomam bebidas alcoólicas, o que não é de surpreender[4]. No entanto, 40% dos alunos contam beber em excesso, o que consiste, segundo os Centros de Controle de Doenças, em ao menos cinco doses em menos de duas horas para os homens e em ao menos quatro para mulheres[5]. Mas lembre-se: esses números são apenas as definições *mínimas* para as bebedeiras. Além disso, um em cinco alunos apresenta «episódios frequentes de consumo pesado», tendo, pois, bebido em excesso pelo menos três vezes nas duas semanas anteriores.

À medida que a bebedeira aumenta no *campus* – o que também não surpreende –, aumentam as fatalidades. Segundo artigo

---

(4) *The Surgeon General's Call to Action to Prevent and Reduce Underage Drinking*, Departamento de Saúde e Serviços Humanos dos Estados Unidos, Washington, 2007, pág. 12.

(5) *Ibidem*, n. 5, pág. 12.

5. O QUE A REVOLUÇÃO SEXUAL ESTÁ FAZENDO COM OS JOVENS ADULTOS? 93

publicado em 2009 no *Journal of Studies on Alcohol and Drugs*, «as mortes relacionadas ao álcool entre universitários de 18 a 24 anos aumentaram de 1440, em 1998, para 1825 em 2005», último ano para o qual os pesquisadores dispunham de dados[6]. Ao que parece, as jovens têm mais chances de serem penalizadas, pois são normalmente menores do que os homens e metabolizam o álcool de maneira diferente. Por isso, como a maioria dos adultos bem sabe, mas aparentemente não muitos estudantes, com a mesma quantidade de álcool as mulheres ficam mais bêbadas do que os homens. Esse é um ponto ao qual retornaremos.

Qualquer um que ainda duvide de que o ambiente de bebedeiras da Universidade Tóxica realmente é diferente, ao menos em quantidade, do que quase tudo o que já veio antes, pode cogitar um rápido passeio pelo ambiente linguístico do *campus* americano. A exemplo das seteiras dos castelos medievais, as gírias criadas nos círculos de bebedeira são como nesgas que dão para um mundo ao qual não teríamos acesso de outra forma.

Pre-gaming, por exemplo, algo como um «esquenta», refere-se ao consumo de grandes quantidades de bebida (normalmente, de bebidas mais fortes) no começo da noite, ainda antes de sair. *Shotcicles*, invenção de grande eficiência que os pais da geração dos *baby boomers* provavelmente não experimentaram, são cubos de gelo em infusões de vodca, potentes e ao mesmo tempo fáceis de esconder. As expressões *beer slut* e *beer whore*, isto é, «vadias da cerveja», provavelmente são autoexplicativas e também refletem a realidade de que as meninas não são exa-

---

(6) Ralph W. Hingson, Wenxing Zha e Elissa R. Weitzman, «Magnitude of and Trends in Alcohol-Related Mortality and Morbidity among U.S. College Students Ages 18-24, 1998--2005», *Journal of Studies on Alcohol and Drugs*, Suplemento n. 16, 2009. Disponível em: <http://www.ncbi.nlm.nih.gov/pmc/articles/ PMC2701090/>.

tamente bem tratadas na Universidade Tóxica, em especial por rapazes que trazem, digamos, seis latinhas de cerveja e meia garrafa de vodca dentro de si. Colocar *beer goggles*, isto é, «óculos de cerveja», é estar tão bêbado que se passa a achar os membros do sexo oposto mais atraentes do que se acharia em condições normais. (Por exemplo: «Quando vi aquela mocreia no dia seguinte, percebi que só a peguei porque devia estar usando meus "óculos de cerveja"».) Por fim, *safety buzz*, um «barato de segurança» – expressão inocente de charme quase metafísico –, refere-se ao estado de ter ingerido só o bastante para alterar a própria mente e poder alegar inocência ou redução de culpa pelo que acontecerá depois.

Outra novidade sob a lua na Universidade Tóxica – e que só há pouco passou a ser bem documentada – é a mudança naquilo que pode ser risivelmente chamado de hábitos românticos. O que a maior parte dos pais conheceu como «namorar» foi substituído, na Universidade Tóxica, por aquilo que muitos de seus filhos e filhas conhecem como cultura do «ficar». Essa cultura é definida principalmente pela presença, em algum momento, de algum tipo de ato sexual entre pessoas que talvez se conheçam, talvez não, com a pré-condição tácita de que o ato não gere qualquer compromisso. É bem verdade que a cultura do «ficar» não descreve aquilo que *todos* os universitários do país estão fazendo em todas as noites da semana. Porém, para alguns alunos – aqueles que têm o hábito de escorregar, aqui e ali, para dentro da Universidade Tóxica –, trata-se de outra parte de um mundo que seus pais quase com certeza não reconheceriam.

Em 2006, uma contribuição particularmente informativa (embora assaz desalentadora) veio de *Sem proteção: uma psiquiatra no* campus *revela como o politicamente correto em sua profissão coloca todo estudante em risco*, livro cuja primeira edição foi feita sob anonimato[7]. Na sequência revelou-se que a autora era Miriam Grossman, psiquiatra que tratara mais de dois mil alunos da Universidade da Califórnia e que ficara alarmada com o que viu. Em seu livro, ela sugere que, em poucos anos, as horas de consulta psiquiátrica dobraram; do mesmo modo, observa que 90% dos centros de aconselhamento nos *campi* do país relataram aumentos no número de alunos com graves problemas psiquiátricos.

Grossman também descreve alguns dos casos que tratou e seu denominador comum: bebedeiras, drogas, sexo casual, doenças sexualmente transmissíveis e todos os outros traços da cultura do «ficar». Em 2007, como se para confirmar tudo isso, a jornalista Laura Sessions Stepp, do *Washington Post*, publicou *Sem amarras: como as jovens buscam o sexo, deixam o amor para depois e perdem em ambos*[8]. A obra, que foi amplamente debatida, fundamentava-se em entrevistas com muitas jovens secundaristas e universitárias. Nela, a autora afirmava que o «ficar» efetivamente se tornara a «principal» interação sexual dos jovens.

Outro olhar particularmente perspicaz sobre a interseção da cultura das bebedeiras com a cultura do «ficar» é o livro *Acabada: a história de uma juventude bêbada*, de Koren Zailckas, em que a autora detalha suas atividades na Universidade de Syracuse e alhures[9]. Como esse relato e muitos outros relatos confessionais mostram, os céticos que dizem que sempre foi assim estão per-

---

(7) Miriam Grossman, *Unprotected: A Campus Psychiatrist Reveals How Political Correctness in Her Profession Endangers Every Student*, Sentinel Trade, Nova York, 2007.

(8) Laura Sessions Stepp, *Unhooked: How Young Women Pursue Sex, Delay Love, and Lose at Both*, Riverhead Books, Nova York, 2007.

(9) Koren Zailckas, *Smashed: Story of a Drunken Girlhood*, Penguin, Nova York, 2006.

96 MARY EBERSTADT

dendo o bonde. A questão não está apenas em que o namoro, para alguns, virou um mero «ficar» sem compromisso, não está apenas em que, para muitos, beber tornou-se beber até cair. Antes, é a interseção dessas duas tendências que encontramos no currículo básico da Universidade Tóxica.

* * *

É claro o elo que há, tanto no caso dos homens quanto no das mulheres, entre as bebedeiras e a probabilidade de violência sexual. Por exemplo, os autores de *Violência sexual no campus: o problema e a solução*, livro de 1993, recorreram aos números disponíveis à época para estimar que, nos casos caracterizados como «estupro por conhecidos», cerca de três quartos dos homens e metade das mulheres estiveram bebendo no momento da agressão[10]. Essas cifras batem com outras mais recentes. O já mencionado Estudo de Agressões Sexuais nos *Campi* foi preparado para o Departamento de Justiça e baseou-se em questionários respondidos por mais de 6.800 estudantes. Também ele identificou vários traços, relacionados ao uso de entorpecentes, que aumentavam de modo significativo o risco de agressão. Entre eles estavam a frequência com que as mulheres diziam ficar bêbadas, a frequência com que tinham relações sexuais quando bêbadas e a frequência com que participavam de festas de fraternidades. O relatório também especifica que meninas do primeiro e do segundo ano do ensino superior correm muito mais riscos do que aquelas mais velhas – fato que não é amplamente conhecido e que provavel-

---

(10) Carol Bohmer e Andrea Parrot, *Sexual Assault on Campus: The Problem and the Solution*, Lexington Books, Nova York, 1993, pág. 198.

mente será de grande interesse para aqueles que têm filhas no primeiro ou no segundo ano da universidade[11].

A participação em fraternidades também se destaca significativamente nesses estudos. Esse é outro fato que não aparece com a frequência com que deveria. Por exemplo, mais de um quarto das mulheres que relataram casos de «estupro de vulnerável» – isto é, mulheres que admitiram estar demasiado bêbadas, chapadas ou drogadas para oferecer um «consentimento significativo» – também relatou que algum membro de fraternidade fora seu agressor. (Segundo várias outras fontes, aliás, muitos universitários não estão cientes de que atos sexuais sem «consentimento significativo» são ilegais por definição.) Do mesmo modo, apenas o fato de ser membro de uma sororidade também eleva significativamente o risco de agressão sexual, tanto porque seus membros, como grupo, bebem mais do que outras jovens no *campus* como porque se associam com maior frequência a membros de fraternidades. Muitas pessoas, inclusive os pais, tentam racionalizar os problemas de quem pertence a fraternidades recorrendo à ideia de que todo homem age assim. Se os dados estiverem certos, eles estão errados.

Outra confirmação do vínculo entre bebedeira e agressão sexual vem do intrigante trabalho de Thomas Johnson, psicólogo na Universidade Estadual de Indiana. Johnson investigou as brincadeiras com bebidas alcoólicas questionando o que motivava os estudantes a tomarem parte nelas. Ele descobriu que, para 44% dos homens, uma porcentagem desconcertantemente alta, o motivo dessa participação era a «manipulação sexual». Outra porcentagem impressionante – 20% – reconhecia já ter

---

(11) Krebs *et al.*, *Campus Sexual Assault (CSA) Study*, pág. xiv.

98 MARY EBERSTADT

praticado, após brincadeiras com bebidas alcoólicas, atos que poderiam ser qualificados como agressões sexuais. Esses jogos, ademais, são encontrados de maneira desproporcional nas fraternidades – fato que não significa que todos seus membros também frequentem a Universidade Tóxica, mas que uma quantidade considerável de recrutas sai de lá.

Um último traço a separar os estudantes que frequentam hoje a Universidade Tóxica dos estudantes de outrora é a inédita atenção que manifestações sexuais públicas ganham em certos *campi*. Boa parte dessas manifestações é orquestrada pelos próprios alunos, sem que haja grande controvérsia. Alguns departamentos acadêmicos, por exemplo, incluem cursos nos quais a pornografia é «estudada» como forma de arte ou em virtude de seu suposto significado social. Há também ocorrências extracurriculares, entre as quais a exibição de filmes pornográficos em festas frequentadas por meninas e meninos – outro exemplo de como os tempos mudaram desde os notórios anos 1960. Às vezes, em nome da Primeira Emenda da Constituição dos Estados Unidos, florescem projetos mais ambiciosos. Em 2009, por exemplo, vários *campi* em todo o país exibiram *Piratas II*, apresentado como o filme pornográfico mais caro já feito. Quando a Universidade de Maryland recusou-se a exibi-lo por causa da pressão política de certo parlamentar, uma de suas consequências palpáveis foi o escândalo dos alunos[12].

Há ainda a aparentemente próspera «Semana do Sexo». Criada por uma aluna de Yale em 2002, o evento – que desde então espalhou-se para muitos outros *campi* – consiste num amplo

---

(12) Laura Fitzpatrick, «Pirates XXX: One University's Battle over Porn», *Time*, 8 de abril de 2009.

experimento de duplifalar ideológico. A Semana do Sexo piamente alega «forçar os estudantes a pensar sobre sexo, amor, intimidade e relacionamentos como nunca pensaram antes». Traduzindo: são convidados para o *campus* sadistas e masoquistas profissionais, bem como estrelas de filmes pornográficos e outros especialistas comerciais em esoterismo sexual, a fim de instruírem os alunos de história sobre como fazer sexo[13].

Os que, com piedosos apelos à liberdade de expressão, defendem a Semana do Sexo e outros projetos semelhantes parecem nunca ter pensado em quem mais se beneficia desse incremento de «consciência sexual» numa geração que já é a mais sexualizada da história. Um dos patrocinadores da Semana do Sexo é a Pure Romance, empresa que respeitosamente se descreve como «a empresa que mais cresce no país» no ramo «da melhoria dos relacionamentos e romances». Além de espalhar seus produtos pelo *campus* inteiro durante a Semana do Sexo, a empresa também pode se beneficiar financeiramente de seu acesso às jovens. Recorrendo ao mesmo método de vendas em domicílio da Avon e da Tupperware, ela convida as maiores de idade a juntar-se às fileiras de suas mais de quarenta mil consultoras e oferecer, assim, seus produtos a amigos e vizinhos. Do mesmo modo, a popular fabricante de roupas American Apparel também patrocina a Semana do Sexo, fato que a empresa menciona enquanto tenta vender trajes íntimos para as universitárias.

* * *

---

(13) Para um relatório detalhado, cf. Nathan Harden, «Bawd and Man at Yale» *National Review Online*, 25 de março de 2010. Disponível em: <http://www.nationalreview.com/articles/229398/bawd-and-man-yale/nathan-harden>.

A boa notícia é que as más notícias sobre a Universidade Tóxica ao menos levaram gente séria e bem-intencionada a pensar em como melhorar a situação.

A epidemia de bebedeiras fez muitas universidades endurecerem as regras. Na Universidade de Cornell – apenas para tomarmos um dos muitos exemplos –, os administradores vêm trabalhando para reformar o sistema. A universidade não permite mais que calouros participem das festas de fraternidades em que seja servido álcool, por exemplo. (Essas festas, hoje, são parte do processo de recrutamento, a exemplo do que acontece em fraternidades e sororidades de toda parte.) Do mesmo modo, desde que, em maio de 2010, as manchetes anunciaram o assassinato de uma jovem por seu ex-namorado, ambos jogadores de lacrosse da Universidade da Virgínia, a instituição vem buscando novas maneiras de identificar estudantes potencialmente perigosos. Uma das medidas tomadas, por exemplo, foi estabelecer a regra de que qualquer aluno que precisou haver-se com a polícia deve informar o fato às autoridades do *campus*, sob o risco de violar o código de honra.

Um esforço interessante – embora contraintuitivo – de desintoxicar o *campus* universitário americano teve início em 2008, sob os auspícios da Amethyst Initiative. Encabeçada por um grupo de reitores e ex-reitores frustrados com os índices de mortes ocasionadas pelo álcool e outras tragédias do tipo, a Amethyst Initiative afirma que a lei federal americana (em vigor desde 1984) que estipula a idade mínima de 21 anos para o consumo de bebidas alcoólicas não somente deixa de ser aplicada com sucesso, mas também é indiretamente responsável pela «cultura de bebedeiras perigosas e clandestinas». Diz o raciocínio que, se os estudantes pudessem beber mais aberta e legalmente, atitudes como o «esquenta», bem como a ingestão rápida e furtiva de bebidas pesadas, ficarão menos atraentes.

Esse é um argumento que faz sentido para muitos adultos que frequentaram a universidade quando a idade mínima para consumo ainda era a de dezoito anos e cuja experiência alcoólica consistia, digamos, em sair para comer uma pizza e tomar uma cerveja, e não beber até cair e fazer lavagem estomacal. A verdade é que, durante meus estudos da Universidade Tóxica, eu quis saber de alguns universitários que conheço, espalhados por *campi* ao redor do país, o que lhes parecia ser a solução para as bebedeiras. Um deles falou em renovação espiritual. O resto, porém, respondeu a mesma coisa que a Amethyst Initiative havia dito: deve-se reduzir a idade mínima para consumo.

O problema desse argumento, que de outro modo pareceria um tanto adequado, pode ser resumido, porém, em duas palavras: carros e garotos. Dados recolhidos desde 1984 a respeito das fatalidades de trânsito confirmam que as taxas de mortalidade caíram quando a idade mínima para o consumo de bebidas alcoólicas subiu. E, ainda que esse vínculo causal talvez não seja tão férreo quanto a maioria presume – alguns pesquisadores questionam se o resultado não se deve, antes, à decisão pela obrigatoriedade do uso de cinto de segurança –, a todos parece intuitivamente óbvio que conservar ao menos um pouco de bebida longe da corrente sanguínea de alguns rapazes dificultou que eles matassem alguém com um carro. Diante do imponente monolito de grupos liderados pela organização Mães contra a Direção Alcoolizada – a qual era e é um flagelo incansável para a Amethyst Initiative –, os 135 reitores que julgam o contrário parecem estar num impasse.

* * *

O que mais pode ser feito, então, a respeito da Universidade Tóxica? Uma resposta possível é: *ficar de fora*. Os cínicos, é claro, mais uma vez dirão que em qualquer instituição é possível ingressar na Universidade Tóxica, independentemente de seu credo, que em todas há o mesmo grau de bebedeiras e de gente sendo estuprada ao saírem para namorar. Todavia, também nisso os cínicos estão errados – e por uma razão óbvia. Para recordarmos apenas um dado incontroverso, os números de bebedeiras são significativamente menores nas instituições da Califórnia do que nas do Nordeste dos Estados Unidos. Muitas outras diferenças, ademais, podem ser identificadas à luz das estatísticas criminais de cada *campus* e de outras informações semelhantes. Quanto aos benefícios de estar matriculado em certas instituições religiosas, o testemunho mais convincente vem muitas vezes não dos administradores ou das estatísticas, mas dos próprios estudantes.

Em 2010, após o divulgadíssimo assassinato da aluna da Universidade da Virgínia, um veterano da Patrick Henry, faculdade cristã conservadora, escreveu uma breve reflexão sobre as diferenças entre certos *campi*. Nos últimos quatro anos, observava ele, nenhum assassinato ou crime violento fora testemunhado na Patrick Henry. Ele concluía:

> Os críticos zombam de nós em virtude de nossas normas rigorosas – as quais nos impedem, por exemplo, de dançar ou beber no *campus* e de levar membros do sexo oposto para o dormitório, impondo-nos ainda horários fixos para o recolhimento noturno – e da ausência de atmosfera social que elas criam. Chegamos a ser tema de livro (*A Harvard de Deus*), de

programas de TV, de artigos de opinião e de inúmeros blogs que reclamam de nosso «insuportável cristianismo de direita», que envenena a liberdade da sociedade. Todavia, qual é o custo de os estudantes poderem «expressar-se»? Essa liberdade compensa as mortes por direção alcoolizada, a violência associada às drogas e os relacionamentos amorosos que se tornam fatais?[14]

Em setembro de 2008, refletindo no *Wall Street Journal* sobre as diferenças entre sua experiência na secularíssima Universidade de Tufts e a experiência de sua irmã na Faculdade de Hillsdale, instituição cristã de Michigan, a jornalista Ashley Samelson (hoje McGuire) teceu comentários semelhantes:

> Os cartazes nas paredes de meu dormitório, que era exclusivo para calouras, traziam informações sobre distúrbios alimentares, sobre o que fazer se você sofreu uma agressão sexual e sobre centrais de atendimento voltadas para o suicídio e a depressão. As paredes que eu vi na Faculdade de Hillsdale, por outro lado, estavam cobertas de anúncios de clubes de crochê, de oportunidades de praticar a caridade e de listas de igrejas locais[15].

Não obstante esses testemunhos, há outras razões, muitas vezes convincentes, a explicar por que as instituições religiosas, para muitos, não serviriam de nada. Uma delas está em que

---

(14) Christopher Beach, «Tragedy on College Campuses», Family Research Council, 4 de maio de 2010. Disponível em: <http://www.frcblog.com/2010/05/tragedy-on-college-campuses/>.

(15) Ashley Samelson, «Lipstick Jungle», *Wall Street Journal*, 26 de setembro de 2008, pág. W11.

certas famílias não são elas mesmas religiosas, ou são até mesmo divididas demais para ter a religião como opção. Outro motivo, sem dúvida mais influente, está em que a maioria dos pais tem o objetivo de mandar o filho ou a filha secundarista para a faculdade de maior prestígio possível, pois estão certos – equivocadamente ou não – de que ele ou ela ficará de fora da Universidade Tóxica, de que goza de capacidades acadêmicas ou esportivas para as quais certas instituições são mais adequadas do que outras, de que o rapaz ou a moça, segundo as estatísticas, obterá um emprego melhor se sair de uma universidade de prestígio... Ou, ainda, porque ele ou ela ganhou uma bolsa, como no caso da Charlotte Simmons de Tom Wolfe. O que essas pessoas podem fazer?

Isso nos leva a uma segunda estratégia: a de *apoiar a contracultura.* Também aqui – e em parte, ainda que perversamente, graças à própria Universidade Tóxica – há uma abundância de boas notícias. Durante as últimas décadas, males que se restringiam aos anos 1960 acabaram por infectar a atual cultura das bebedeiras e do ficar. No entanto, ao longo desse mesmo período, pôde-se testemunhar também a criação e a radicalização reversa de inúmeras instituições e pessoas. Trata-se de uma contracultura pequena, porém crescente e que só passou a existir em reação à Universidade Tóxica.

Nos Estados Unidos, essas instituições contraculturais incluem o Love and Fidelity Network, que, sem qualquer denominação religiosa, teve início na Universidade de Princeton e hoje conta com representantes em numerosos outros *campi.* Há também a Christian Union, cuja missão não é nada menos do que «recuperar o *campus* para Cristo», e a Fellowship of Catholic University Students, cujo crescimento tem sido particularmente intenso. Fundada em 1998 explicitamente para resistir à junção de «bebedeiras, promiscuidade sexual e relativismo moral» nos *campi*, ela em doze anos espalhou-se por mais de cinquenta universidades, contando com mais de quatro mil alunos.

Outra forma de combater a Universidade Tóxica é *voltar a casar cedo*. A explicar a cultura do «ficar» não está uma mudança qualquer na natureza humana, ou mesmo a pressão dos pares; antes, o motivo mais convincente (e perverso) vem da eficiência. Alunos que não nutrem a expectativa de casar-se com alguém que conheçam na universidade não têm motivo algum para «investir» em seus parceiros românticos. Eis o motivo pelo qual o namorado de antigamente tornou-se, hoje, o mero companheiro de uma noite. O que se faz necessário é mudar a expectativa da «eficiência», segundo a qual os jovens só «ficarão firmes» com outra pessoa anos depois. O fato de essa explicação ser oferecida tanto pelos pais que pagam as mensalidades quanto pelos próprios alunos faz dessa uma recomendação especialmente difícil para pais e mães.

Como Tom Wolfe, de modo um tanto presciente, bem entendeu, a grande história de muitos *campi* de hoje vai além da mera cultura da bebedeira e do «ficar». Ela também transcende querelas normativas a respeito da idade mínima para o consumo de bebidas alcóolicas, bem como ruminações escolásticas acerca do que exatamente constitui agressão sexual quando nenhuma das partes nem sequer recorda em que dia da semana está.

No fim das contas, um passeio pela Universidade Tóxica revela algo mais profundo. Em seus *campi*, temos hoje a melhor placa de Petri que poderíamos querer para observar o que acontece com os homens e as mulheres quando agem segundo as regras da Revolução Sexual; e, nessa placa, as evidências dão testemunho de uma verdade preponderante e amplamente negligenciada: ao contrário da libertação que prometeu (e ainda promete), a Revolução na verdade fortalece os fortes e penaliza os fracos. Mais uma vez, os cínicos dirão que não há nada de novo aí – e, como os dados das ciências sociais aqui apresentados revelam, eles estarão errados. Todavia, a Revolução continua a alcançar os alojamentos universitários com a falsa mensagem de que, no sexo, homens e mulheres querem as mesmas coisas e estão na mesma linha de partida. São essas mentiras que fazem o mundo da Universidade Tóxica girar.

É isso o que realmente nos mostram, hoje, as ciências sociais a respeito das atividades noturnas dos universitários. Por mais fortes que sejam, por mais bem formadas que tenham se tornado, por mais sucesso que obviamente tenham e virão a ter no mundo do trabalho, as jovens são também portadoras de uma natureza que está sendo ignorada sob grande risco... para *elas*. Elas são constitucionalmente mais fracas, no sentido de que os comportamentos mesmos que definem a Universidade Tóxica – as bebedeiras e o «ficar» – têm mais chances de fazer mal às meninas do que aos meninos. Isso é algo que todos dizem e documentam, incluindo aquelas jovens que se sentem corroídas pelo remorso.

Continuam a nos garantir que *os jovens estão bem*. E muitos estão mesmo. Mas Charlotte Simmons não estava bem; e, considerando as últimas notícias que temos sobre a Universidade Tóxica, hoje sabemos que ela está longe de ser a única. A questão do que fazer a respeito disso continua a perturbar todos os leitores que teriam salvado Charlotte Simmons caso pudessem.

6.

A transvaloração dos valores

Primeira parte:
A comida é o novo sexo?

Como vimos até agora, a Revolução Sexual afetou profundamente os aspectos mais fundamentais dos relacionamentos humanos, entre eles o modo como as mulheres enxergam e tratam os homens e o modo como os homens enxergam e tratam as mulheres. Ela chegou a minar, inclusive, uma das tarefas que homens e mulheres mais compartilhavam: a proteção das crianças contra as forças que lhes fariam mal. Esses são os legados que podem ser denominados empíricos do impacto da Revolução na vida comum. No entanto, seus frutos em âmbitos mais rarefeitos dos costumes e das ideias não são menos poderosos.

Tomemos este fato como exemplo: de todas as transformações sísmicas que hoje modificam – mais profundamente do que nossas fissuras financeiras, ou até mesmo do que nossas divisões políticas e culturais – a vida cotidiana, uma das mais importantes também está entre as menos notadas. Trata-se do abismo que separa a atitude de quase todos nós que hoje vivemos no Ocidente da atitude de quase todos nossos antepassados no que diz respeito a duas coisas sem as quais a humanidade não pode existir: comida e sexo.

O desejo de comida e o desejo de sexo têm em comum algumas semelhanças interessantes, como desde Aristóteles puderam observar tanto os filósofos quanto os artistas. Todavia, o elo mais importante entre os dois talvez seja mesmo este: ambos os apetites, se satisfeitos sem qualquer preocupação com as consequências, podem se mostrar ruinosos não apenas para a própria pessoa, mas também para outras e até para a sociedade. Por esse motivo, em todas as civilizações eles foram submetidos tanto a regras formais quanto informais.

Em todas as sociedades conhecidas, portanto, as forças potencialmente destrutivas do sexo – a doença, a desordem, a agressão sexual, o ciúme e aquilo que costumava ser chamado de «destruição de lares» – foram amenizadas mediante convenções jurídicas, sociais e religiosas, a começar pela estigmatização e pela punição. Do mesmo modo, todas as sociedades desenvolveram regras e rituais referentes à comida – em parte, para evitar a destrutividade das disputas por víveres escassos. E, ainda que as regras referentes à comida possam não ter sido tão rigorosas quanto aquelas para o sexo, elas o foram na medida certa. É esse o sentido, por exemplo, da decisão de enforcar alguém que roubou uma fatia de pão na feira ou de levar à prancha quem saqueou as rações de um navio.

Essa disciplina imposta ao acesso à comida e ao sexo levanta, hoje, uma questão que jamais foi levantada (provavelmente, porque não era nem sequer possível imaginá-la até pouco tempo atrás): o que acontece quando, pela primeira vez na história – ao menos em teoria, e ao menos nas nações avançadas –, os adultos são mais ou menos livres para obter todo o sexo e toda a comida que desejarem?

Essa questão abre as portas para mais um paradoxo atribuível à Revolução Sexual. Afinal, se levarmos em consideração o quanto as duas coisas parecem vinculadas, seria natural esperar que as pessoas dessem o mesmo destino aos dois apetites, isto é, que procurassem satisfazer ambos com o mesmo ardor quando enfim tivessem liberdade para fazê-lo – ou com o mesmo desinteresse pelas consequências, por exemplo, ou com graus semelhantes de disciplina.

A verdade, contudo, é que as evidências encontradas no Ocidente desenvolvido sugerem que o contrário é o que acontece. Ao que parece, quando muitos deparam com essa possibilidade pela primeira vez, acabam realizando coisas muito diferentes – coisas que podemos resumir como uma «alimentação escrupulosa» e um «sexo inescrupuloso». Este capítulo tanto explora essa curiosa dinâmica quanto tece especulações a respeito do que a alimenta.

* * *

A dramática expansão do acesso à comida, de um lado, e ao sexo, de outro, tem histórias complicadas. Em cada caso, porém, a tecnologia escreveu a maior parte dela.

Até praticamente agora, por exemplo, eram muitos os principais freios ao sexo fora do casamento: medo de engravidar, medo do estigma social e da punição, medo de contrair doenças... A pílula e seus primos, ao menos em teoria, minaram substancialmente os dois primeiros, ao passo que a medicina moderna suprimiu em grande parte o último. Até mesmo a Aids, que e há apenas uma década constituía estonteante exceção à novíssima regra de que aparentemente é possível fazer qualquer tipo de sexo sem sérias consequências, é considerada uma doença «gerenciável» no Ocidente rico, ainda que continue a matar milhões de pacientes menos afortunados em outros lugares.

Quanto à comida, também aqui uma série de revoluções tecnológicas explica sua extraordinária disponibilidade: os pesticidas, a mecanização da agricultura, transportes mais econômicos e a manipulação genética dos alimentos, bem como outros avanços. Como resultado, praticamente todos os habitantes do Ocidente podem hoje comprar alimentos de toda sorte com pouquíssimo dinheiro e em quantidades que, para muitos leitores, seria há pouco tempo inimaginável.

Naturalmente, um dos resultados de uma mudança tal na fortuna alimentar é essa «doença da civilização» sem precedentes conhecida como obesidade, com todos os males que ela acarreta. Não obstante, o próprio caráter corriqueiro da obesidade no Ocidente de hoje serve como prova de que o acesso à comida estendeu-se exponencialmente a praticamente todos; o mesmo ocorre com as estatísticas que revelam que a obesidade é mais prevalente nas classes sociais mais baixas e menos presente naquelas classes mais altas.

Da mesma forma como a tecnologia deixou o sexo e a comida mais acessíveis, outras influências importantes fora do âmbito da tecnologia – de modo especial, as proibições religiosas mais longevas – decresceram nesse ínterim, de modo que tornou-se ainda mais fácil ceder a ambos os apetites. O opróbrio reservado à gula, por exemplo, hoje parece ter pouca força imediata, e isso mesmo entre os fiéis. Nas raras ocasiões em que a palavra chega a ser vista, quase sempre ela é usada em sentido metafórico, secular.

De modo semelhante, e muito mais consequente, é notável como, no espírito contemporâneo, perderam força as duradouras proibições de cada grande religião contra o sexo extraconjugal. Especialmente significativa talvez seja a posição das muitas denominações protestantes que se afastaram da moralidade sexual tida, durante milênios, como consensual. O abandono anglicano, em 1930, do antigo veto à contracepção artificial é um exemplo notável, solapando, como logo ocorreu, a ideia mesma de que *qualquer* igreja jamais poderia voltar a dizer às pessoas o que fazer com seus corpos. Quer, porém, defendessem seus ensinamentos tradicionais, quer os abandonassem, todas as igrejas cristãs ocidentais do século passado viram-se cada vez mais assediadas por questões sexuais e cada vez menos influentes, exceto sobre uma fração dos paroquianos de inclinação mais tradicional.

É claro que esse minguar das restrições tradicionais às buscas de sexo e comida não passa de uma parte da história; diversas forças *não* religiosas também agem como freios contemporâneos a ambas. No caso da comida, por exemplo, haveria fatores como a vaidade pessoal, ou ainda preocupações com a saúde e com a moralidade daquilo que é consumido (falaremos mais sobre isso depois). Do mesmo modo, reconhecer que o sexo nunca foi tão acessível não é o mesmo que dizer que ele se encontra disponível sempre e em todo lugar. Muitas pessoas que não acham que irão para o inferno por causa do sexo pré-marital ou do adultério, por exemplo, encontram freios para seus desejos em outras razões: no medo de contrair doenças, no medo de fazer mal aos filhos e outros entes queridos, no medo de prejudicar a carreira, no medo dos problemas financeiros causados pelo divórcio e pela pensão para os filhos etc.

Mesmo os homens e mulheres que *querem* o máximo de comida e sexo que puderem obter enfrentam outros tipos de obstáculos em sua busca. Ainda que muitas pessoas tenham meios de comer mais ou menos o tempo todo, por exemplo, a economia doméstica ainda imporá seus freios: não é como se todos possam comer faisão dia e noite. O mesmo vale para o sexo, que também impõe constrangimentos tácitos, mas práticos. As pessoas mais velhas e menos atraentes simplesmente não têm, no mercado sexual, o mesmo valor daquele que é jovem e mais atraente (e é por isso que as promessas de eliminar o tempo e a idade constituem um negócio em franca expansão neste período pós-liberação). Desse modo, ainda que as igrejas e outras forças de constrangimento não o façam, tanto o tempo quanto a idade circunscrevem a busca do sexo.

Não obstante, o raciocínio inicial ainda vale: como consumidores de sexo e comida, os membros das sociedades avançadas têm hoje mais liberdade para buscar e consumir ambos do que praticamente todos aqueles que vieram antes de nós. E, para chegar a essas duas tendências, nossa cultura evoluiu de formas interessantes.

* * *

Para começarmos a vislumbrar o quão recente e dramática é essa mudança, imaginemos certas características do mundo a partir de dois olhares diferentes: o de uma dona de casa de 1958 chamada Betty, com trinta anos; e o de sua neta Jennifer, que possui a mesma idade hoje.

Iniciemos com um passeio pela cozinha de Betty. Boa parte

do que ela prepara sai de vidros e de latas. Boa parte, também, contém um monte de substâncias que, na opinião de nossos contemporâneos, devem ser minimizadas: laticínios, carne vermelha, açúcar refinado, farinhas... – e tudo isso por causa de convincentes pesquisas nutricionais realizadas depois da época de Betty. De quatro em quatro meses, o congelador de Betty é abastecido com carne de uma empresa especializada em atacado, e na maioria das noites ela descongela um pedaço e o serve ao lado de alimentos retirados de um ou dois potes de vidro. Se há no prato algo «fresco», esse algo provavelmente é uma batata. E, por mais rudimentar que isso pareça a nossos olhos, a comida de Betty é servida com o que hoje nos pareceria uma grande cerimônia, isto é, com uma mesa posta e a presença dos membros da família.

Como sói acontecer, há pouca coisa que Betty, mulher um tanto ousada para os padrões de sua época, não coma. Quando criança, ela decorou que era preciso limpar o prato, e não fazê--lo ainda é considerado falta de educação. Tirando essa ideia, porém, que é um resquício de tempos de maior escassez, Betty se parece muito com qualquer outra dona de casa americana de 1958: gosta de preparar certas coisas e não gosta de preparar outras; gosta de comer certas coisas e não gosta de comer outras... E, em termos de predileções pessoais, nada há além disso. Não é que Betty não tenha opiniões formadas sobre a comida, mas sim que as opiniões que possui se limitam ao que pessoalmente gosta e ao que pessoalmente não gosta de preparar ou comer.

Agora imaginemos alguém equivalente a Betty hoje: sua neta Jennifer, de trinta anos. Jennifer não tem praticamente nenhuma lata ou vidro em seu armário. Também não tem filhos nem marido, não mora com o namorado... É por isso, aliás, que, na maioria das noites, sua mesa tem um *notebook* e não é posta. O interessante, contudo, é que, apesar da falta de qualquer cerimônia à mesa, Jennifer dá muito mais atenção à comida, e tem convicções muito mais fortes sobre a alimentação, do que qualquer um que ela conheça da época de Betty.

Com um pé dentro e outro fora do vegetarianismo, Jennifer nega-se firmemente a comer carne vermelha ou peixes que correm risco de extinção. Também se opõe à pecuária industrializada, a frutas e verduras geneticamente modificadas e a pesticidas e outros agentes artificiais. Do mesmo modo, tenta minimizar o consumo de laticínios e cozinha tofu o máximo que pode. Também compra produtos «orgânicos», acreditando que isso é melhor para ela e para os alimentos criados dessa maneira, ainda que os itens sejam claramente mais caros do que aqueles da mercearia local. Sua dieta é pesada em tudo aquilo em que a de Betty era leve – de modo especial, em frutas e verduras frescas. Jennifer só tem gelo no congelador; na geladeira, leite de soja e vários outros itens que a avó não reconheceria; na bancada, há um processador que ela acha que «deveria» usar mais.

Todavia, o mais importante é a diferença entre a atitude moral de Betty e a de Jennifer na questão alimentar. Jennifer acredita que existe, nessa esfera, um *certo* e um *errado* que transcendem sua liberdade de escolha como consumidora. Ela não chega a condenar os que não pensam assim, mas também não os entende. Além disso, certamente acha que o mundo seria um lugar melhor se mais pessoas avaliassem suas opções alimentares do modo como ela avalia. Às vezes, quando tem a oportunidade, até faz certo proselitismo.

Em suma, no que diz respeito à comida, Jennifer cai na definição do Imperativo Categórico de Kant: age segundo um conjunto de máximas que, ao mesmo tempo, quer que sejam lei universal.

Betty, por sua vez, ficaria perplexa ante a ideia de colocar essas abstrações morais a serviço da comida. Filha como era de seu tempo, ela em parte estivera marcada – ao contrário de Jennifer – pelo que acontece quando a comida é escassa: seus pais muitas vezes recordavam os tempos da Grande Depressão, e muitos dos homens mais velhos de seu tempo traziam vivas na memória as privações da guerra. Mesmo, pois, sem esses vínculos pessoais com a escassez alimentar, não faria sentido para Betty que alguém tivesse posições tão fortes quanto sua neta a respeito de algo tão simples quanto decidir o que vai boca adentro. Betty, afinal, estando nisso em clara oposição a Jennifer, acredita que opiniões sobre comida são simplesmente *de gustibus*, isto é, questão de gosto pessoal – e só.

Essa clara diferença de opinião nos leva a uma justaposição interessante. Do mesmo modo como possuem abordagens radicalmente distintas no que diz respeito à comida, Betty e Jennifer também possuem abordagens radicalmente distintas no que diz respeito ao sexo. Para Betty, as regras fundamentais de sua época, nas quais ela toma parte e com as quais substancialmente concorda, são claras: praticamente qualquer exercício sexual fora do casamento está sujeito ao opróbrio social (ainda que nem sempre privado). Mesmo que ela própria esteja com um pé dentro e outro fora da religião estabelecida, Betty adere claramente a uma ética sexual judaico-cristã. Assim, por exemplo, o vizinho do lado, o sr. Jones, «fugiu» com outra mulher, abandonando esposa e filhos; Susie, em outra cidade, ficou grávida e não pôde voltar à faculdade; dizem que o tio Bill pegou gonorreia – e daí por diante. Nenhuma dessas violações da ética sexual corrente é considerada boa por Betty, quanto mais algo a ser celebrado. Elas nem sequer são consideradas neutras: todas, em sua opinião, são erradas.

O mais importante é que Betty acredita que o sexo, ao contrário da comida, não é *de gustibus*. Pelo contrário! Ela acha que há, nessa esfera, um certo e um errado que transcendem qualquer ato individual. E mais: ela crê que o mundo seria um lugar melhor, e que as pessoas estariam em melhor situação se mais gente pensasse como ela. Às vezes, quando tem a oportunidade, até faz certo proselitismo.

Em suma, como na relação de Jennifer com a comida, Betty cumpre, em questões sexuais, as exigências do Imperativo Categórico de Kant.

A relação de Jennifer com o sexo difere por completo. Também ela desaprova o pai da casa ao lado que trocou mulher e filhos por uma moça mais jovem; afinal, não gostaria de ser traída desse jeito e não gostaria que seus entes queridos o fossem. À parte essas condições fundamentais, no entanto, ela é bastante liberal em praticamente todos os demais aspectos do sexo extraconjugal. Jennifer acredita que morar junto antes do casamento não é apenas moralmente neutro, mas ainda melhor do que não passar por esse «período de testes». Susie, grávida e solteira na cidade vizinha, não suscita nela juízo nenhum, bem como a gonorreia do tio Bill – a qual, é claro, não passa de uma questão meramente privada entre ele e seu médico.

Ao contrário de Betty, Jennifer acredita que se apaixonar cria exigências próprias, as quais geralmente sobrepujam outros fatores – a menos, talvez, que haja filhos em jogo (e às vezes, dependendo do caso, também eles são cartas vencidas). Pensadora coerente nesse ponto, ela também aceita as consequências de

6. A TRANSVALORAÇÃO DOS VALORES

suas convicções libertárias a respeito do sexo. É a favor do aborto e do casamento gay; causam-lhe indiferença as pesquisas com células-tronco e outras manipulações tecnológicas da natureza; quanto a se algum arranjo familiar em especial é melhor para as crianças, é agnóstica. Por insistência do namorado, chega até a assistir a pornografia com ele – em parte, só para mostrar o quanto é liberal.

Mais uma vez, o que mais importa é a diferença das atitudes morais de cada uma dessas mulheres no que diz respeito ao sexo. Betty acha que, nessa esfera, há um certo e um errado que transcendem qualquer ato individual, ao passo que Jennifer – observando-se as exceções – não pensa existir nada assim. Jennifer não carece de opiniões sobre o sexo, do mesmo modo como Betty não carece de opiniões sobre comida; o que ocorre é que, em geral, estão ambas limitadas ao que cada qual gosta e não gosta.

O que os exemplos imaginários de Betty e Jennifer estabeleceram até aqui é o seguinte: suas respectivas relações morais com a comida e com o sexo são quase perfeitamente inversas. Betty se importa com a nutrição e a comida, mas não lhe ocorre fazer de suas opiniões um juízo moral, isto é, achar que as outras pessoas *deviam* agir como ela em questões alimentares e que estão erradas quando não o fazem. Na realidade, ela acredita que isso seria outro tipo de equívoco: tratar-se-ia de uma atitude indelicada, de um julgamento desnecessário, de algo que simplesmente não se faz. Jennifer, de modo semelhante, até certo ponto se importa com o que as outras pessoas fazem em relação ao sexo, mas raramente lhe ocorre fazer de suas opiniões um juízo moral. Na realidade, ela acredita que isso seria outro tipo de equívoco: tratar-se-ia de uma atitude indelicada, de um julgamento desnecessário, de algo que simplesmente não se faz.

Por outro lado, Jennifer está genuinamente segura de que suas opiniões sobre comida não apenas estão corretas do ponto de vista nutricional, mas também são, num sentido assaz significativo, *moralmente* corretas. Ela, em suma, acha que os outros deveriam fazer algo como o que ela faz. E Betty, por sua vez, pensa exatamente assim a respeito do que chama de moralidade sexual.

Como já se observou, esse desejo de fazer das próprias opiniões algo que, segundo elas, deveria ser vinculante – no sentido de que os outros deveriam agir do mesmo jeito – é a definição do imperativo kantiano. Mais uma vez, observemos: o imperativo kantiano de Betty diz respeito ao sexo, e não à comida; e o de Jennifer, à comida, e não ao sexo. Noutras palavras, ao longo de mais ou menos sessenta anos – e não para todos, é claro, mas para muita gente, sobretudo para uma grande parte da gente esclarecida –, os polos morais do sexo e da comida foram invertidos. Betty acha que comida é questão de gosto, ao passo que o sexo é governado por algum tipo de lei moral universal. Jennifer pensa exatamente o inverso.

O que foi que aconteceu?

* * *

Betty e Jennifer podem ser imaginárias, mas as décadas que distanciam as duas de fato trouxeram mudanças à vida de milhões e milhões de pessoas. Nos sessenta anos que separam suas duas cozinhas, uma transformação criou raízes e cresceu não apenas Estados Unidos adentro, mas pela própria sociedade ocidental. Declinaram, durante esse período, os artefatos e forças culturais que buscavam regular ou voltar a regular o sexo extraconjugal e que assumiam a forma de artigos, livros, filmes e ideias. No que diz respeito à comida, por sua vez, foi exatamente o inverso o que vimos. O exame cada vez mais minucioso do que as pessoas colocam na boca veio acompanhado de algo quase inteiramente novo sob o sol: a ascensão de códigos morais universalizáveis baseados em opções alimentares.

Comecemos com a faceta mais conhecida das dietas e modas: a dieta do dr. Atkins, a dieta da zona, a dieta do chá, a dieta rica em carboidratos, os Vigilantes do Peso, bem todo o resto de jeitinhos alimentares que nos prometem versões novas e melhoradas de nós mesmos. Por mais abundantes que sejam elas e todos seus parentes, essas dietas e modas de curto prazo são, no entanto, meros epifenômenos.

Indo um pouco mais fundo, a obsessão com a comida que elas refletem encontra ecos em muitas outras camadas do mercado. O hábito de ler, por exemplo, pode até estar desaparecendo, mas, até que suma de vez, os livros de culinária permanecem entre as galinhas dos ovos de ouro mais confiáveis do ramo. Basta ver as listas de mais vendidos e as principais resenhas que saem por aí a cada mês para perceber que livros sobre comida e filosofia alimentar têm no mínimo uma presença garantida – por vezes, chegam até a predominar. Para mencionar apenas alguns mais recentes, temos *O dilema do onívoro*, de Michael Pollan; *País fast food*, de Erich Schlosser; *Calorias boas, calorias ruins*, de Gary Taubes; *Calor*, de Bill Buford; e muitos outros títulos que respondem ao insaciável interesse por comida.

Em seguida há os gêneros voyeurístico e de celebridades, os quais fizeram de alguns *chefs* o equivalente a estrelas do rock. Aonde quer que você vá, para onde quer que você olhe, o que se serve é comida – numa forma ou em outra. A proliferação de cadeias de produtos orgânicos e naturais, a determinação, pelo governador da Califórnia, de que deve haver discriminação nutricional em todo o estado – esses e muitos outros desdobramentos mostram o local de destaque ocupado pela comida e pelas opções alimentares na consciência moderna. Como recentemente observou a *New York Times Magazine*, num prefácio que enfatizava a intenção de expandir sua seção alimentar (cujo tamanho era já considerável), esses textos «talvez nunca tenham sido parte tão crucial do que fazemos quanto hoje, quando aquilo que comemos, bem como a maneira de comê-lo, tornou-se tema de interesse para Washington e algo que pertence tanto a um âmbito global e ambiental quanto à mesa da cozinha»[1].

Por trás das modas passageiras, dos jeitinhos de curto prazo e de observações como essa acima, bem por trás de todas as mudanças sísmicas, encontra-se uma série de revoluções no modo como hoje pensamos sobre a comida – mudanças essas voltadas não para o hoje ou para o amanhã, mas para a alimentação como modo de vida.

Uma figura de influência nessa tradição foi George Oshawa, filósofo japonês que codificou o que se conhece como macrobiótica. Popularizada nos Estados Unidos por seu discípulo Michio Kushi, a macrobiótica tem sido objeto de debates ferozes há várias décadas, e seu livro *O caminho macrobiótico para a saúde total: um guia completo para prevenir e aliviar naturalmente mais de duzentas doenças e distúrbios crônicos* continua sendo uma das bíblias modernas no campo da alimentação[2]. A macrobiótica

---

(1) «A New Way to Look at Food Writing», *New York Times Magazine*, 2 de janeiro de 2009. Disponível em: <http://www.nytimes.com/2009/01/04/magazine/04FoodSeries.html?scp=1&sq=a%20new%20way%20to%20look%20at%20food %20writing&st=cse>.

(2) Michio Kushi, *The Macrobiotic Path to Total Health: A Complete Guide to Naturally Preventing and Relieving More Than 200 Chronic Conditions and Disorders*, Ballantine Books, Nova York, 2004.

tece afirmações tanto históricas quanto morais, chegando a dizer que sua tradição remonta a Hipócrates e passa por Jesus e pela dinastia Han, entre outros beneficiários esclarecidos. Essas afirmações também se refletem no sistema macrobiótico, que inclui a expressão de gratidão (e não preces) pela comida, a serenidade na hora de cozinhar e outros rituais que não dizem respeito ao âmbito nutricional. E, mesmo que a disciplina macrobiótica tenha se mostrado excessivamente ascética para muitos (caso de muitos americanos, não há dúvidas), é possível observar sua influência em outras abordagens sérias da questão alimentar. Por exemplo, esse «comer com atenção plena», que tem sido popularmente apregoado, ecoa a injunção macrobiótica de não ter nada além da comida e da gratidão em mente no momento do consumo. Chega-se ao ponto de mastigar pelo menos cinquenta vezes cada bocado.

Junto da macrobiótica, as últimas décadas também viram um crescimento tremendo do vegetarianismo e seus derivados, outro sistema alimentar que costuma tecer afirmações que cabem tanto à esfera da moral quanto da saúde. Como movimento, e a depender da parte do mundo para a qual se olha, o vegetarianismo antecede a macrobiótica[3]. Histórias do vegetarianismo clamam para si os brâmanes, os budistas, os jainistas e os zoroastrianos, além de certos praticantes judeus e cristãos. No Ocidente moderno, Percy Bysshe Shelley des-

---

(3) Segundo a definição da União Vegetariana Internacional, o vegetariano não come animais, mas pode comer ovos e laticínios (sendo então ovolactovegetariano). O pescetariano é um vegetariano que se permite o consumo de peixe. O vegano exclui tanto animais quanto produtos animais da dieta, incluindo o mel. Os vegetarianos e veganos podem ainda ramificar-se em muitas outras categorias – frutarianos, vegetarianos *halal* etc. A complexidade terminológica apenas magnifica o argumento de que a comida, hoje, atrai as energias taxonômicas outrora dedicadas, digamos, à metafísica.

tacou-se como ativista do movimento no começo do século XIX; em 1847, foi fundada na Inglaterra a primeira Sociedade Vegetariana.

Por volta da mesma época, nos Estados Unidos, um ministro presbiteriano chamado Sylvester Graham popularizou o vegetarianismo junto com uma campanha contra toda sorte de excessos (ironicamente, nas atuais circunstâncias, esse titã da saúde é lembrado sobretudo pelo biscoito Graham, que criou). Muitas outras seitas religiosas americanas também adotaram o vegetarianismo, incluindo os Adventistas do Sétimo Dia, aos quais se dedicam os estudos que reúnem os dados mais persuasivos sobre os possíveis benefícios de uma dieta sem carne animal[4]. A União Vegetariana Internacional, fundada há pouco mais de um século, em 1908, reúne sob o mesmo guarda-chuva uma série de movimentos distintos.

Não obstante, porém, sua longa história, claro está que o vegetarianismo *separado* dos movimentos religiosos só veio a decolar há relativamente pouco tempo. Ainda assim, teve um sucesso notável no mundo contemporâneo. Impulsionado talvez pela sinergia do interesse público pela macrobiótica e pela saúde nutricional, bem como por livros mobilizadores, como *Libertação animal*, de Peter Singer, e *Domínio*, de Matthew Scully, ambos de 1975, o vegetarianismo é hoje um dos movimentos morais seculares de maior sucesso no Ocidente, ao passo que a macrobiótica, ainda que menos bem-sucedida como movimento de massas, testemunhou a confirmação de algumas

---

(4) Cf., por exemplo, Gary Fraser, *Diet, Life Expectancy, and Chronic Disease: Studies of Seventh-Day Adventists and Other Vegetarians*, Oxford University Press, Oxford, 2003. A obra examina dados do Estudo da Saúde Adventista realizado, em 1989, com mais de 34 mil pessoas.

de suas ideias nucleares e permanece como uma espécie de irmão de armas sinergístico[5].

A macrobiótica e o vegetarianismo/veganismo certamente têm entre si algumas diferenças doutrinais. A macrobiótica limita a carne animal não por indignação moral, mas por razões de saúde e por causa do «equilíbrio» das forças *yin* e *yang* propagado por ideias orientais. Do mesmo modo, permite quantidades moderadas de certos tipos de peixe, ao contrário dos vegetarianos em sentido estrito. Por outro lado, ela também proíbe vários vegetais (entre os quais tomates, batatas, pimentas e outros considerados excessivamente *yin*), ao passo que o vegetarianismo não proíbe nenhum. Não obstante, a macrobiótica e o vegetarianismo têm mais em comum do que não têm, sobretudo do ponto de vista de quem se alimenta sem seguir nenhum desses códigos. As diferenças doutrinais que os separam são mais ou menos equivalentes àquelas entre, digamos, presbiterianos e luteranos.

* * *

E o ponto é exatamente esse. Para muitas pessoas, as diferenças cismáticas referentes à alimentação tomaram o lugar das diferenças cismáticas referentes à fé. O curioso, mais uma vez, é o quanto isso é recente. Ao longo da história humana, praticamente ninguém dedicou tanto tempo a questões alimentares na

---

(5) Cf. Peter Singer, *Libertação animal*, WMF Martins Fontes, São Paulo, 2010, o livro mais influente dos movimentos de bem-estar e direitos dos animais. Para o mais importante dos apelos, com base em princípios cristãos, ao bem-estar animal, cf. também Matthew Scully, *Domínio: o poder do ser humano, o sofrimento dos animais e um pedido de misericórdia*, Civilização Brasileira, Rio de Janeiro, 2018.

condição de *ideias* (ao contrário, por exemplo, do tempo dedicado a estocar comida). Também jamais parece ter ocorrido às pessoas que as dietas podem estar desligadas de uma visão metafísica e moral mais ampla. Desde seus respectivos surgimentos, judeus e muçulmanos praticantes, entre outros, tiveram leis dietéticas estritas – e só: em vez de convidá-los a deter-se na comida como algo em si mesmo, as leis diziam aos crentes o que fazer com ela quando a tivessem consigo. Como no caso dos adventistas, que falam de seu vegetarianismo como uma forma de «entrar em harmonia com o Criador», ou no dos católicos, com as obrigações itinerantes da Quaresma e outros momentos, essas normas dietéticas eram claramente projetadas para aguçar a religião, e não para tomar seu lugar.

Mas será mesmo que os influentes estilos alimentares de hoje efetivamente tomam o lugar da religião? Levemos em consideração que a macrobiótica, o vegetarianismo e o veganismo tecem, todos eles, grandes afirmações sobre a saúde como parte de sua universalidade. Porém, como já se disse e ao contrário do que ocorria no passado, a maioria não faz mais isso no seio de uma religião organizada. A macrobiótica afirma (baseada em certas evidências) que comidas processadas e excesso de carne animal são nocivos para o corpo humano, ao passo que grãos integrais, vegetais e frutas não o são. A literatura do vegetarianismo propõe um argumento semelhante, com o qual recentemente atraiu especial atenção para as novas pesquisas a respeito do vínculo entre o consumo de carne vermelha e certos tipos de câncer. Nos dois casos, porém, as leis dietéticas não se pretendem a serviço de uma causa maior; são, antes, causas morais *em si mesmas*.

Do mesmo modo como a comida muitas vezes atrai, hoje,

um nível de dedicação metafísica que recorda o sexo de outrora, ela também parece estar cercada de vários sinais de proibição igualmente evocativos... e cada vez mais numerosos. O opróbrio reservado às supostas «violações» do que se «deveria» fazer migrou – em alguns casos, totalmente – de um para a outra. Muita gente que jamais seria pega com cinco quilos a mais – ou comendo um hambúrguer, ou usando couro de verdade – tende a ser relaxada em matéria sexual. Na verdade, ao apenas observar o mundo tal como ele é, fica-se tentado a dizer que quanto *mais* veementes as pessoas são a respeito da moralidade de suas escolhas alimentares, *mais* despreocupado elas acham que o resto do mundo deveria ser quanto ao sexo. Quando foi a última vez que você ouviu ou usou a palavra «culpa»? Dizia respeito a um pecado tal qual ele sempre foi concebido ou ao fato de alguém ter comido algo proibido ou não ter ido à academia?

Talvez o exemplo mais revelador da infusão de moralidade nos códigos alimentares esteja na atual paixão europeia por aquilo que os franceses chamam de *terroir* – ideia que originalmente se referia a certas qualidades conferidas pela geografia aos produtos alimentares (sobretudo o vinho) e que hoje ganhou vida própria como guia moral para quem deseja comprar e consumir localmente. Que não existe qualquer tentativa disseminada e concomitante de impor uma nova moralidade às atividades sexuais na Europa Ocidental parece ser uma espécie de eufemismo; por outro lado, como medida do alcance do *terroir* como código moral, tomemos apenas um sermão proferido na catedral anglicana de Durham em 2007. Nele, o deão explicava a Quaresma como um acontecimento que «nos diz: cultive um bom *terroir*, uma ecologia espiritual que restabeleça o foco de nossa paixão por Deus, de nossas preces, de nossa busca por justiça no mundo, de nosso cuidado com os semelhantes»[6].

Eis um exemplo emblemático da inversão entre comida e sexo em nossa época: o código moral – outrora universal – do cristianismo europeu vem sendo explicado às massas mediante uma referência ao código moral europeu – hoje mais universal – do consumo *à la terroir*.

Além disso, essa inversão parece tanto mais firme quanto mais apaixonadamente você se agarra a um desses polos. Assim, por exemplo, mesmo que muito se tenha dito a respeito do recente «esverdeamento» dos evangélicos, nenhum grupo cristão vegetariano é tão conhecido em âmbito nacional quanto, digamos, a PETA ou algumas outras organizações vegetarianas/veganas. A maioria dessas organizações é secular ou antirreligiosa, e nenhuma, até onde mostram minhas pesquisas, estende suas ambições morais universalizáveis ao campo da sexualidade. Quando *Magra & poderosa* – descolado guia do veganismo que recentemente passou meses no topo das listas de mais vendidos – exorta seus leitores a uma vida «limpa, pura e saudável», por exemplo, o sexo *não* está incluído nesse vocabulário moral, e a obra faz questão de dizer isso[7].

C. S. Lewis certa vez comparou ambos os desejos da seguinte maneira, a fim de provar que algo a respeito do sexo se tornara incomensurável em sua própria época: «Não há nada de vergonhoso em apreciarmos a comida, mas seria profundamente vergonhoso que meio mundo fizesse da comida o interesse central de sua vida e passasse o tempo todo a olhar fotografias de comi-

---

(6) Reverendíssimo Michael Sadgrove, «Terroir for Lent», Catedral de Durham, 25 de fevereiro de 2007. Disponível em: <http://www.durhamcathedral.co.uk/schedule/sermons/130>.

(7) Rory Freedman e Kim Barnouin, *Magra & poderosa*, Intrínseca, Rio de Janeiro, 2007.

da, babando e estalando os lábios»[8]. Ele estava argumentando pela *reductio ad absurdum*.

No entanto, para que a piada funcionasse como um dia funcionou, também deve funcionar nossa percepção do que há de absurdo nisso – e essa percepção comum, numa época como a nossa, tão dominada visual, moral e esteticamente pela comida, está minguando a passos largos. Tomemos a invenção do termo «gastropornografia», cujo intuito é descrever os estilos sinistramente semelhantes da pornografia em alta definição, de um lado, e das fotos estilizadas de comida, de outro. O termo, a propósito, nem é tão novo: encontramo-lo pelo menos três décadas atrás, num ensaio de 1977 publicado com esse mesmo título na *New York Review of Books*. Nele, o autor, Alexander Cockburn, observava que

> não pode escapar à atenção que há paralelos curiosos entre os manuais de técnicas sexuais e os manuais de preparação de comida – a mesma ênfase diligente nas técnicas vagarosas, as mesmas loas a prazeres supremos e celestiais. A verdadeira gastropornografia aguça a excitação e também o senso do inatingível ao oferecer fotografias coloridas de várias receitas acabadas[9].

Com esse deslocamento, as migrações polares da comida e do sexo durante os últimos cinquenta anos estariam aparentemente completas.

---

(8) C. S. Lewis, *Mero cristianismo*, Quadrante, São Paulo, 1997, pág. 105.

(9) Alexander Cockburn, «Gastro Porn», *New York Review of Books*, 8 de dezembro de 1977. Disponível em: <http://www.nybooks/articles/1977/dec/08/gastro-porn/?page=>.

* * *

Se é verdade que a comida é o novo sexo, porém, o que isso faz com o sexo? É preciso retornar, aqui, ao paradoxo que já sugerimos. À medida que o consumo de comida foi se tornando – não só literalmente, mas também figurativamente – cada vez mais escrupuloso e cuidadoso, o consumo do sexo em suas diversas formas parece ter se tornado o exato oposto: para muitos, trata-se de algo cada vez mais inescrupuloso e descuidado.

Poderíamos apresentar muitas provas disso, a começar por uma série de estudos estatísticos. Hoje, é muito menos provável que homens e mulheres cheguem a suas noites de núpcias (isso se efetivamente casarem) sem qualquer experiência sexual prévia do que há algumas décadas. Também é mais provável que essa experiência tenha sido muito variada, incluindo o uso da pornografia. Como revela o exemplo de Jennifer, ademais, o que se pensa sobre o sexo é tanto mais liberal quanto mais baixa é a faixa etária.

Tomemos como outra prova da minimização do sexo a rudeza do entretenimento popular – por exemplo, a de uma popular coluna de aconselhamento como a «Dear Prudence», publicada pelo periódico progressista *Slate* e destinada a abordar o que diz respeito aos «costumes e moral». «Devo destruir o vídeo erótico que meu marido e eu fizemos?» «A tara de meu namorado pode arruinar nosso relacionamento.» «Meu marido quer que eu faça um aborto, mas eu não quero». «Como contar a minha filha que ela é fruto de uma agressão sexual?» «Uma amiga confessou que teve um casinho com meu finado marido». E assim por diante. O escrupuloso *slogan* vegetariano «Você é o que você

6. A TRANSVALORAÇÃO DOS VALORES

come» não encontra, na cultura popular de hoje, equivalente nenhum no que diz respeito ao sexo.

Esse sexo *junk* compartilha com a *junk food* todos os seus traços definidores: é produzido e consumido por pessoas que não conhecem umas às outras e é desdenhado por aqueles que julgam ter acesso a uma experiência mais autêntica ou a opções «mais saudáveis». Como vimos no capítulo 2, e a exemplo do que ocorreu, de maneira lenta mas segura, no caso do consumo compulsivo de comida embalada, também começam a surgir evidências a respeito do consumo compulsivo de pornografia, e elas revelam como o juízo dos progressistas está errado[10].

Tudo isso nos leva a outra semelhança entre o sexo *junk* e a *junk food*: as pessoas são furtivas a respeito deles, e muitos sentem-se culpados por buscá-los e entregar-se aos dois. Além disso, aqueles que consomem grandes quantidades de ambos também costumam enganar-se a si mesmos, subestimando o quanto consomem e negando os efeitos nocivos dessa prática ao longo de suas vidas. Em suma, comparar a *junk food* ao sexo *junk* é perceber que ambos se tornaram vícios praticamente intercambiáveis – mesmo que muitas pessoas que não colocam o «sexo» na categoria «vício» prontamente o façam quando o assunto é comida.

A essa altura, o leitor impaciente dirá (se é que já não o disse) que outra coisa, algo compreensível e anódino, vem suscitando

---

(10) Para relatos clínicos sobre a evidência dos danos, cf., por exemplo, Ana J. Bridges, «Pornography's Effects on Interpersonal Relationships», e Jill C. Manning, «The Impact of Pornography on Women», em *The Social Costs of Pornography: A Collection of Papers*, págs. 69-88 e 89-110, respectivamente. Para uma interessante avaliação econométrica do que se gasta para evitar o vício em pornografia ou para recuperar-se dele, cf. também K. Doran. «Industry Size, Measurement, and Social Costs», em *ibidem*, págs. 185-99.

essa maior atenção à comida nos dias de hoje: o fato de que sabemos muito mais do que costumávamos saber acerca da importância de uma dieta adequada para a saúde e para a longevidade. De fato, esse é um argumento que os fatos respaldam. Um dos atrativos da macrobiótica, por exemplo, é a promessa de reduzir os riscos de câncer. A queda no colesterol que acompanha uma dieta verdadeiramente vegana ou vegetariana é outro exemplo. Claro está que as pessoas são hoje muito mais escrupulosas quanto à comida porque décadas de pesquisas recentes ensinaram-nos que as dietas têm consequências mais poderosas do que Betty e suas amigas poderiam imaginar, podendo ser boas ou más de formas que antes jamais chegaram a ser elencadas.

Tudo isso é verdade, mas fica a pergunta: por que não há mais gente agindo da mesma maneira com o sexo?

Chegamos, aqui, à reviravolta mais interessante de todas. Não é possível responder à pergunta afirmando que não existem dados empíricos sobre a busca indiscriminada de sexo e sobre como ele pode ser bom ou ruim. Pelo contrário: há dados – e muitos. Décadas de pesquisas empíricas, as quais também não existiam antes, demonstraram que a Revolução Sexual também teve consequências nisso e que muitas delas contribuíram sobremaneira para o detrimento de uma ética sexualmente liberacionista.

Pessoas casadas e monogâmicas têm mais chance de ser felizes e vivem mais[11]. Esses efeitos ficam particularmente claros nos homens. Os divorciados, de modo especial, enfrentam riscos de

---

(11) Essa verificação aparece de maneira constante. Cf., por exemplo, Lee A. Lillard e Constantijn W. A. Panis, «Marital Status and Mortality: The Role of Health», *Demography*, 33, n. 3, 1996, págs. 313-327. Cf. também R. M. Kaplan e R. G. Kronick, «Marital Status and Longevity in the United States Population», *Journal of Epidemiology and Community Health*, 60, agosto de 2006, págs. 760-65.

6. A TRANSVALORAÇÃO DOS VALORES

saúde – incluindo maior uso de drogas e alcoolismo – que os casados não enfrentam. Enquanto professores do país inteiro ganham estabilidade profissional discutindo os vetores causais dessas descobertas, os pesquisadores mesmos tiram com bastante frequência as conclusões óbvias disso tudo. Por exemplo, na hipótese lançada por um pesquisador da RAND Corporation a respeito de 140 anos de evidências demográficas,

> os benefícios à saúde obtidos por homens que permanecem casados ou que voltam a casar-se derivam de vários fatores relacionados, entre eles a recepção de cuidados em momentos de doença, uma melhor nutrição e uma atmosfera domiciliar que reduz o estresse e as doenças relacionadas a ele, incentivando ainda os comportamentos saudáveis e desincentivando comportamentos nocivos, como fumar e beber em excesso. Influências desse tipo tendem a aumentar o estado de saúde imediato do homem e, com frequência, podem aumentar suas chances de levar uma vida mais longa[12].

Como bem documentaram Linda J. Waite e Maggie Gallagher, bem como outros estudiosos, os homens casados ganham mais e poupam mais, e não surpreende que os lares de quem é casado superem os outros lares em renda[13]. Tal qual revelou, entre outros, Kay S. Hymowitz, o casamento confere benefícios que ultrapassam os próprios parceiros e chegam aos filhos[14]. O

---

(12) Lee A. Lillard e Constantijn (Stan) Panis, «Health, Marriage, and Longer Life for Men», Research Brief 5018, RAND Corporation, 1998. Disponível em: <http://www.rand.org/pubs/research_briefs/RB5018.html>.

(13) Linda J. Waite e Maggie Gallagher, *The Case for Marriage: Why Married People Are Happier, Healthier, and Better Off Financially*, Doubleday, Nova York, 2000, pág. 98.

(14) Kay S. Hymowitz, *Marriage and Caste in America: Separate and Unequal Families in a Post-Marital Age*, Ivan R. Dee, Maryland, 2006.

sociólogo W. Bradford Wilcox, outro especialista, resumiu o benefício do casamento da seguinte maneira: «Em comparação com os pares que crescem em famílias não intactas, os filhos de lares intactos, com pais casados, têm chances significativamente maiores de terminar o segundo grau, de concluir a faculdade, de ter um bom emprego e de gozar eles mesmos de uma vida familiar estável»[15].

A lista poderia continuar, mas não é necessário: a questão já está suficientemente clara. Por outro lado, como também já vimos, o divórcio é muitas vezes uma catástrofe financeira para as respectivas famílias, sobretudo para as mulheres e crianças. Esse mesmo desastre financeiro, ademais, é causado também pela ilegitimidade. Os filhos de lares partidos correm riscos de ter uma série de problemas comportamentais, psicológicos e educacionais, entre outros, que os filhos de lares intactos não correm. Como bem revelam numerosas fontes, incluindo Elizabeth Marquardt e David Blankenhorn, meninos e meninas sofrem os efeitos adversos do rompimento familiar até a vida adulta, correndo maior risco do que os filhos de lares intactos de repetir eles mesmos o padrão de ruptura[16].

Esse recital toca apenas a periferia dos dados empíricos hoje reunidos a respeito dos custos do liberalismo sexual para a sociedade americana. O registro fica ainda mais interessante por não poder ter sido previsto quando o liberacionismo sexual parecia não passar de sinônimo para a remoção de estigmas antigos e

---

(15) W. Bradford Wilcox (ed.), *When Marriage Disappears: The Retreat from Marriage in Middle America*, National Marriage Project (Universidade da Virgínia) e Institute for American Values, 2010. Disponível em: <http://stateofourunions.org/2010/when-marriage-disappears.php>.

(16) Cf. David Blankenhorn, *Fatherless America*, e Elizabeth Marquardt, *Between Two Worlds*.

6. A TRANSVALORAÇÃO DOS VALORES

aparentemente inexplicáveis. Todavia, entre o Relatório Moynihan e aquilo que hoje sabemos, passaram-se nas ciências sociais duas gerações repletas de estudos, questionários e análises regressivas, e o peso geral de suas descobertas é claro. A questão levantada por esses dados não é por que algumas pessoas mudaram de hábitos e ideias quando diante dos novos fatos referentes à alimentação e à saúde, e sim por que mais gente não fez o mesmo em relação ao sexo.

* * *

Quando Friedrich Nietzsche fervorosamente escreveu sobre a «transvaloração dos valores», estava se referindo à esperada restauração da sexualidade a seu lugar de direito, isto é, como uma força vital célebre e moralmente neutra. Ele não tinha como prever o mundo de hoje, no qual o sexo de fato se tornaria «moralmente neutro» aos olhos de muita gente, ao mesmo tempo que a comida toma seu lugar como fonte de autoridade moral[17].

Não obstante, os acontecimentos revelaram que Nietzsche estava errado em achar que os homens e mulheres do futuro simplesmente gozariam dos benefícios do sexo livre sem nenhuma mudança sísmica concomitante. Afinal, como os acontecimentos resumidos neste ensaio sugerem, na verdade talvez

---

(17) É interessante que Nietzsche aparentemente tenha antevisto a possibilidade de universalização do vegetarianismo, escrevendo, em 1870: «Acredito que os vegetarianos, com o ditame de comer menos e de modo mais simples, têm mais utilidade do que todos os novos sistemas morais considerados em conjunto. [...] Não há dúvida de que os futuros educadores da humanidade também prescreverão uma dieta mais restrita». Também é interessante que Adolf Hitler – cujo vegetarianismo parece ter sido adotado por causa de Wagner (Wagner, por sua vez, fora convencido por Nietzsche, que chegara a ser vegetariano) – supostamente tenha dito, em 1941, que «há uma coisa que eu posso prever para quem come carne: o mundo do futuro será vegetariano».

não exista uma desestigmatização do sexo. A ascensão de um código moral universalizável e reconhecivelmente kantiano a respeito da comida – a começar pelo movimento vegetariano internacional do último século, passando pelo fervor moral cada vez mais intenso acerca da macrobiótica, do veganismo/vegetarianismo e dos códigos europeus de *terroir* – deu-se paralelamente ao declínio de um código sexual universalmente aceito no Ocidente.

Quem pode duvidar de que as duas tendências estão relacionadas? Incapaz ou indisposto (ou ambos) a impor regras sexuais na esteira da Revolução, mas igualmente indisposto a se livrar por completo de um código moral que sempre foi fonte de grandes proteções, o homem moderno aparentemente realizou seu próprio ato de transubstanciação. Ele pegou a antiga e duradoura moralidade sexual e colocou-a na comida. O bufê liberado é hoje estigmatizado; o banquete sexual, não.

No fim, é difícil evitar a conclusão de que as regras que vêm sendo estabelecidas em torno da comida adquirem alguma força do fato de que as pessoas estão desconfortáveis com o quão longe a Revolução Sexual chegou – e, sem saber o que fazer a respeito, elas buscam cada vez mais consolo extraindo moralidade daquilo que comem.

Então, no fim das contas, o que significa ter uma civilização puritana com relação à comida e licenciosa com relação ao sexo? Nesse sentido, o famoso louco de Nietzsche não veio tarde demais, mas excessivamente cedo – cedo demais para contemplar a biblioteca empírica que se acumularia a partir de meados do século XX e que daria testemunho da problemática natureza social, emocional e até financeira da solução que ele buscava. Se há moral nessa curiosa história de transvaloração, ela parece estar em que as normas que a sociedade impõe a si mesma em busca de autoproteção não desaparecem por completo, mas transformam-se e seguem adiante, às vezes sob formas curiosas. Por mais improvável que hoje pareça, talvez o sexo inescrupuloso, à luz dos dados empíricos surgidos com sua própria liberação, venha a estar no futuro onde hoje encontra-se a alimentação inescrupulosa.

7.

A transvaloração dos valores

Segunda parte:
A pornografia é o novo tabaco?

Se os códigos em torno da comida e do sexo parecem ter sofrido migração polar sob a pressão atmosférica da Revolução Sexual, o mesmo ocorreu com outras duas substâncias comuns que, em diferentes épocas da história, também lograram ser vistas como vícios – e os resultados disso estão igualmente disseminados pela sociedade ocidental inteira.

Comecemos com um experimento hipotético, imaginando uma substância relativamente nova em praça pública, mas a essa altura tão onipresente na sociedade que muitas pessoas nem a notam mais. A cada dia que passa, os contatos com essa substância, sejam diretos ou indiretos, são inúmeros. A exposição é tão constante que raramente nos ocorre imaginar como poderia ser a vida sem ela.

Na verdade, essa substância é tão comum que você já acha o

status quo natural, ainda que saiba que certas pessoas pensam o contrário. Uma minoria barulhenta opõe-se firmemente a seu consumo, e esses neopuritanos a todo momento tentam alertar o público para aquilo que dizem ser seus riscos e perigos. Não obstante a resistência ocasional, porém, você, bem como muitos outros de sua época, continua a olhar essa substância com relativa equanimidade. Pode ser que a consuma, pode ser que não... Mas, mesmo que não o faça, não consegue entender por que alguém se meteria no consumo dos outros. Por que se dar ao trabalho? Afinal, não há como voltar atrás.

O cenário esboçado nesses parágrafos diz respeito a dois momentos bem distintos da história americana recente. Um é o começo dos anos 1960, momento em que o tabaco era onipresente, defendido veementemente pelas partes interessadas e por todos aceito como fato social inevitável, mas se via prestes a ser lançado pelo abismo da respeitabilidade com o célebre «Relatório sobre Fumo e Saúde», publicado em 1964 pelo Departamento de Saúde dos Estados Unidos. A virada social resultante, apesar de levar décadas e ainda estar acontecendo, não foi nada menos do que notável. Em 1950, quase metade da população americana fumava; em 2004, pouco mais de um quinto o fazia. Apesar de ainda serem de uso comum e estarem legalmente disponíveis, os cigarros de algum modo deixaram de ser consumidos e aceitos por todo o mundo ocidental e acabaram por ser desencorajados e estigmatizados em toda parte – e tudo isso num prazo de poucas décadas.

O outro período a que se refere nosso experimento hipotético é o atual. No entanto, agora a substância em questão não é o tabaco, mas a pornografia – tão onipresente, tão defendida pelas partes interessadas e tão amplamente aceita como fato so-

7. A TRANSVALORAÇÃO DOS VALORES

cial inevitável quanto foi o fumo cerca de cinquenta anos atrás. O consenso social que prevalece hoje a respeito da pornografia é praticamente idêntico ao consenso social em torno do tabaco em 1963, ou seja, caracteriza-se por uma tolerância ampla, tingida de resignação a respeito da ideia de que as coisas poderiam ser de outra forma.

Afinal, na opinião de muitos a pornografia não irá embora tão cedo. Pessoas sérias, entre elas especialistas, ou endossam seu uso ou negam seus males – ou os dois. Ela também é vista como descolada, sobretudo entre os jovens, e esse cobiçado prestígio social reduz ainda mais o incentivo, que já é baixo, para transformá-la numa questão pública. No mais, muita gente também diz que os consumidores têm «direito» à pornografia, quiçá até um direito constitucional. Não surpreende que tantas pessoas sejam liberais quanto a ela. Levando em consideração as circunstâncias sociais e políticas em seu favor, de que serviria objetar?

Esse parece ser o consenso da época, e, excetuada uma minoria de oponentes, ele parece ser quase indestrutível – tão indestrutível, aliás, quanto a visão liberal dominante a respeito do tabaco em 1964. Na verdade, basta trocar a palavra «fumo» por «pornografia» no parágrafo acima que o resultado será o mesmo.

E é precisamente esse o objetivo do experimento hipotético com que iniciamos. Muita gente compartilha a ideia de que os níveis inauditos de pornografia hoje são de algum modo fixos, imutáveis, uma expressão natural da humanidade (em grande parte, mas não totalmente, por parte dos homens). Mesmo as pessoas que deploram a pornografia parecem resignadas a essa presença exponencialmente elevada na cultura. Não há, segundo concorda a maioria, como voltar atrás.

No entanto, essa crença amplamente disseminada, embora seja compreensível, negligencia um fato crucial e talvez poderoso. O exemplo do tabaco revela que de fato é possível pegar uma substância para a qual muitas pessoas sentem-se atraídas – a nicotina – e reduzir drasticamente seu consumo por meio de um reavivamento bem-sucedido do estigma social. O que essa transformação pode sugerir quanto aos níveis inauditos de consumo de pornografia? Talvez muito. Afinal, em diversas esferas – como hábito, como indústria, como campo de batalha entre ideias concorrentes acerca do bem comum –, a pornografia virtual de hoje é profundamente semelhante ao tabaco de cinquenta anos atrás. Comecemos a ver como.

Podemos todos concordar em que a pornografia e o tabaco têm ao menos isto em comum: ambos têm sido vítimas de um severo moralismo público desde que surgiram na sociedade. Ao longo das últimas décadas, contudo, algo particularmente interessante aconteceu. No que diz respeito ao opróbrio público, ao menos nos Estados Unidos (e, por extensão, em grande parte do resto do Ocidente), ambas as substâncias essencialmente trocaram de lugar.

Para que se tenha uma ideia do quão drasticamente o consenso social mudou a respeito de cada uma delas, retomemos o exemplo imaginário de Betty, dona de casa com trinta anos em 1958, e Jennifer, sua neta com trinta anos hoje. Como muitas de suas amigas, e também como seu marido, Barney, Betty fuma cigarros. Ela faz isso com total naturalidade, o dia inteiro – na cozinha e na maior parte dos outros cômodos da casa, durante a faxina, na porta de entrada, perto das crianças, no carro, no cinema e nos restaurantes, e até mesmo caminhando pela calçada.

Esse não é o tipo de coisa em que ela pense muito, ainda

7. A TRANSVALORAÇÃO DOS VALORES

que às vezes se sinta dividida. Para Betty, o tabaco pode levantar certas questões de conveniência (ela se preocupa com o dinheiro que gasta). Ela também se pergunta de tempos em tempos sobre o efeito que ele pode ter em sua saúde, uma vez que, em 1958, as pessoas já estão começando a falar disso. Por outro lado, não obstante esses receios ocasionais, Betty não enxerga o fumo como um questão moral em si mesma. Trata-se, na opinião dela, de uma questão de gosto individual.

Agora vejamos como Betty encara uma substância que é tão rara em sua vida quanto são abundantes os cigarros: a pornografia. Em comparação com as gerações futuras, ela realmente não teve muito contato com isso. Por outro lado, também não chega a ignorá-la como a geração anterior. Em 1958, por exemplo, a revista *Playboy* já conta com alguns anos, e as celebridades que tiram as roupas em suas páginas viram notícia, quer Betty veja suas fotos, quer não. Em geral, porém, os livros ou imagens obscenas não a preocupam muito. A Lei de Comstock, que proíbe o envio de materiais obscenos pelo correio, acaba de ser mantida pela Suprema Corte americana num caso chamado *Roth contra os Estados Unidos*. Esse fato, junto com muitos outros, faz que, no mundo de Betty, seja relativamente difícil obter esse tipo de conteúdo, ao contrário do que acontece no nosso.

De todo modo, o pouco que Betty viu desse material causou nela uma forte impressão. Em sua opinião, a *Playboy* e tudo o que ela representa são nojentos. Além do mais, ela tem uma postura kantiana, fazendo de sua opinião uma regra moral universal: a pornografia – ou, antes, o que ela chamaria de «indecência» – é moralmente errada. Betty também crê que todos deveriam pensar como ela quanto a isso, ainda que muita gente obviamente não o faça.

Tomemos agora o caso, muito diferente, de Jennifer, hoje com seus trinta anos. Jennifer opõe-se veementemente ao uso do tabaco. A ideia mesma de colocar uma substância estranha em seus pulmões causa-lhe repulsa. Além disso, ela tem uma postura kantiana e faz de sua opinião uma regra universal: fumar é moralmente errado. Também crê que todos deveriam pensar como ela quanto a isso, ainda que muita gente obviamente não o faça.

O interessante é que não lhe ocorre aplicar ao resto de seu corpo o mesmo critério rigoroso que aplica a seus pulmões. Como muitos outros membros de sua geração, ela é solteira e tem uma experiência sexual que a maioria das mulheres da geração de Betty jamais julgaria possível. Como parte dessa experiência, Jennifer conhece a pornografia muito melhor do que Betty seria capaz de conhecer.

A atitude de Jennifer é complexa e se assemelha, sob alguns aspectos, aos receios inconstantes de Betty quanto ao tabaco. Por um lado, e a exemplo de Betty, ela não acredita que a substância em evidência – a pornografia, no caso de Jennifer – constitua uma questão moral de fato. Por outro, e também como Betty, sente-se dividida quando pensa a respeito. De vez em quando, seu namorado Jason a convence a ver um pouco na internet, «como casal». Por fora, Jennifer parece assistir com gosto. Por dentro, contudo, não está certa de que curte aquilo – mais precisamente, de que gosta de que Jason goste. Uma coisa de que está convicta, porém, é que Jason conhece pornografia muito melhor do que ela.

Não obstante, e apesar dos receios que ocasionalmente a acometem, Jennifer tem sobre o assunto a opinião-padrão de sua época. Quanto a isso, ela não assume uma postura kan-

7. A TRANSVALORAÇÃO DOS VALORES

tiana. Sabe do que gosta e do que não gosta, e presume que todos também o saibam. Em suma, Jennifer não acha que a pornografia, quando feita por e para adultos livres, que dão consentimento, seja moralmente errada. Para ela, trata-se de uma questão de gosto individual.

É importante compreender o quão completa foi a reviravolta no caso dessas duas substâncias. Betty jamais sonharia em pôr, diante dos olhos, nem mesmo alguns minutos da pornografia virtual tal qual a conhecemos hoje. Ela se sentiria degradada, poluída, quiçá até nauseada. Se um dia chegou a pensar nisso, foi para concluir que a pornografia é moralmente errada e que as pessoas que a criam flertam com a maldade.

Jennifer, por sua vez, talvez não consuma pornografia com tanto gosto quanto seu namorado. No entanto, não nutre os fortes sentimentos que Betty nutriria a respeito, quanto mais o impulso kantiano de tecer uma afirmação moral totalizante sobre o assunto. Ao mesmo tempo, porém, nunca sonharia em colocar um cigarro na boca. Ela se sentiria degradada, poluída, quiçá até nauseada. Ela acha que o tabaco é moralmente errado e que as pessoas que o criam flertam com a maldade.

Os exemplos imaginários de Betty e Jennifer deixam clara a guinada da sociedade nos últimos cinquenta anos no que diz respeito ao tabaco e à pornografia, duas substâncias fortemente atraentes. Ontem, fumar era considerado indiferente do ponto de vista moral, ao passo que a pornografia era por todos considerada repulsiva e errada – inclusive pelas pessoas que a consumiam. Hoje, como regra geral, o que vale é o contrário: a pornografia é amplamente (mas não universalmente) tratada como algo indiferente, ao passo que o fumo é tido por repulsivo e errado – inclusive por muitos fumantes. O que Betty e Jennifer deixam claro é que o *status* moral público de que gozava o tabaco há meio século é notavelmente parecido com o da pornografia hoje.

* * *

É claro que em muitas coisas evidentes a pornografia e o tabaco *não* se assemelham. Todavia, é mais interessante refletir sobre aquilo que os torna parecidos.

Vejamos a questão dos danos. Como observado no capítulo 3, dados empíricos cada vez mais numerosos revelam os males que a pornografia pode causar aos relacionamentos humanos. Trata-se, não obstante, de um registro que permanece ferozmente controverso em muitos círculos, do mesmo modo como a nocividade do fumo encontrou a resistência de muitos, sobretudo na indústria do tabaco, durante boa parte do século XX. Claro está, afinal, que outro motivo a retardar o consenso a respeito dos danos foi o fato de muitas pessoas – em particular os fumantes e a indústria que os atendia – terem motivos próprios para resistir às evidências empíricas. Por causa de seu desejo de consumir, muitos negavam ou minimizavam os riscos do tabaco.

Essa sinergia entre produtor e consumidor na minimização dos danos é mais um fator que sugere que a pornografia virtual pode estar hoje na mesma situação em que esteve o tabaco nas décadas que precederam o relatório do departamento de saúde. Ou seja: os produtores da indústria pornográfica têm claro interesse em negar que seu produto faça mal, e nesse esforço contam com a ajuda, ainda que involuntária, de consumidores que desejam, por razões próprias, que isso seja verdade.

Do outro lado da moeda do consumidor, a negação de que o produto em questão causa danos também é quase idên-

7. A TRANSVALORAÇÃO DOS VALORES

tica. Um porta-voz da Aliança Libertária Britânica, por exemplo, defende assim o consumo de pornografia: «Não está provado que existe ligação entre pornografia e violência sexual. Dezenas são os estudos de respeito, e nenhum deles mostrou qualquer relação»[1]. Utilize, nessa defesa frequentemente reiterada, as expressões «fumo» e «câncer de pulmão» e você encontrará o argumento fundamental que a indústria do tabaco brandiu durante décadas.

Além disso, que a pornografia causa danos a pelo menos alguns de seus usuários também pode ser inferido do fato de certas pessoas tomarem medidas extraordinárias para evitar qualquer contato com ela, incluindo a aquisição de *softwares* que a bloqueiam. Desse modo, ao menos alguns consumidores em potencial já sinalizam tacitamente que, para eles, a pornografia pode ser nociva. Trata-se de situação parecida com aquela de milhões de pessoas que um dia optaram por participar de programas para parar de fumar – inclusive pagando por eles –, com o que sinalizavam que, em sua visão de consumidores, a substância que desejavam evitar também era nociva.

Há ainda outras conexões corporativas que parecem intrigantes. Como no caso do tabaco, os interessados em defender a pornografia recorrem ativamente ao testemunho de «especialistas» que se valem de uma linha argumentativa já conhecida, segundo a qual ninguém provou de maneira definitiva que seus produtos podem causar «danos». Foi precisamente esse, é claro, o tiro das grandes empresas de tabaco que acabou por sair pela culatra, mas isso só veio a acontecer após muitos anos e depois que milhões

---

(1) Nigel Meek, «The Backlash Campaign: Defending S&M Is Defending Individual Freedom», *Individual*, fevereiro de 2006, pág. 10.

e milhões de dólares foram despejados na produção de especialistas que questionavam a ideia mesma de que já se tinha obtido um padrão cada vez mais elevado de evidências causais.

De modo semelhante, a linguagem utilizada hoje na defesa da pornografia está em harmonia com a linguagem empregada pela indústria do tabaco meio século atrás. Ouvimos as mesmas referências à liberdade constitucional, a mesma insistência em que o vício resultante do consumo é um «mito», a mesma preocupação a respeito da necessidade de manter o produto longe dos jovens (ainda que o motivo para isso jamais seja explicitado). Diante dessas semelhanças, e apesar das diferenças evidentes, pode-se mais uma vez afirmar que a pornografia, como objeto de debate público, se parece muito com o tabaco – não com o tabaco tal qual o conhecemos hoje, mas com o tabaco como objeto da indiferença social de cinquenta anos atrás.

Outra semelhança está nisto: os usuários de pornografia costumam elaborar as mesmas racionalizações de seus hábitos que os usuários de tabaco elaboravam (exceção feita à substância em questão), desenvolvendo, pois, o que os psicólogos denominam «crenças permissivas».

«Todo mundo faz», por exemplo, é uma das crenças comuns tanto aos usuários de tabaco de ontem quanto aos consumidores de pornografia de hoje e àqueles que justificam a pornografia em praça pública. «Pelo menos não estou fazendo algo pior» é outro, igualmente comum aos dois grupos.

Mais uma crença parecida e compartilhada com os consumidores dessas duas substâncias é o de que «ela [os cigarros, a pornografia] na verdade me impede de fazer algo pior». No caso dos cigarros, muitas pessoas justificavam seu uso fazendo referência ao efeito calmante da nicotina, numa defesa que as

7. A TRANSVALORAÇÃO DOS VALORES

empresas de tabaco do mesmo modo incentivavam. Como certa vez observou um executivo da Philip Morris:

> O que você acha que os fumantes fariam se não fumassem? Você tira disso um pouco de prazer e ainda pode ter outros efeitos benéficos, como o alívio do estresse. Ninguém sabe no que você se transformaria se não fumasse. Talvez batesse em sua mulher. Talvez dirigisse mais rápido. Quem sabe o que raios você faria?[2]

Hoje, as pessoas defendem a pornografia com raciocínios semelhantes. Bastaria pensar no argumento, que de tempos em tempos volta a surgir, de que em muitos lugares os crimes sexuais teriam diminuído com o aumento do consumo da pornografia virtual. Ou ainda no emprego, em ambos os casos, da permissiva ideia de que «não estou prejudicando ninguém além de mim mesmo».

Além disso, do mesmo modo como os usuários da pornografia e do tabaco justificam seu uso com lógicas quase idênticas em «nível micro», ambas as substâncias também foram defendidas em praça pública com uma base «macro» semelhante: os direitos do consumidor. Por exemplo, quando a ativista Wendy McElroy – autora de *XXX: O direito da mulher à pornografia* – diz que «a questão em jogo no debate sobre a pornografia não é nada menos do que o ancestral conflito entre liberdade individual e controle social», ela está formulando a questão do consumo de pornografia exatamente do modo como a questão do fumo era formulada por aqueles que o defendiam: não como uma ques-

---

(2) Citado em Allan M. Brandt, *The Cigarette Century: The Rise, Fall, and Deadly Persistence of the Product that Defined America*, Basic Books, Nova York, 2007, pág. 430.

148 MARY EBERSTADT

tão estética, moral, psicológica ou social, mas como questão de direito individual[3].

Por fim, temos uma fascinante coincidência no fato de ambas as indústrias terem deparado com desafios e oportunidades demográficas semelhantes. De modo especial, ambas tiveram de enfrentar o desequilíbrio mercadológico num segmento crucial – as mulheres – e bolaram estratégias parecidas para lidar com ele.

Até a década de 1950, o uso de cigarros era bem mais alto entre os homens do que entre as mulheres. O desejo da indústria de conquistar o subdesenvolvido mercado feminino levou a diversas campanhas engenhosas para aumentar o nível de consumo, as quais lançavam mão de novos gráficos e cores e, acima de tudo, de apresentações voltadas para a consumidora. Vários triunfos de marketing se seguiram, entre os quais o lançamento do Lucky Brand – o primeiro cigarro voltado para o público feminino, na década de 1920 – e o posterior sucesso do Marlboro, que inicialmente se dirigiu ao mercado feminino porque suas cores combinavam com o vermelho do esmalte popular à época. Campanhas posteriores incluíram a da Philip Morris, na década de 1960, com a Virginia Slims, vendida com os *slogans* «Você chegou longe, querida» e «É coisa de mulher». Por fim, além de tentar atrair as mulheres para marcas «femininas», a indústria também identificou a fidelidade às marcas mistas, ou a fidelidade a marcas (como Marlboro) fumadas tanto por homens quanto por mulheres, sobretudo no segmento mais jovem.

Um desequilíbrio mercadológico semelhante encontra-se

---

(3) Wendy McElroy, *XXX: A Woman's Right to Pornography*, St. Martin's Press, Nova York, 1997, pág. 1.

diante dos pornógrafos de hoje, e para lidar com ele a indústria está usando mais ou menos o mesmo conjunto de estratégias. Tendo identificado níveis muito mais elevados de consumo de pornografia entre os homens, os profissionais de marketing voltam-se agressivamente para as consumidoras com iscas feitas sob medida para elas, as quais vão desde um «erotismo» menos explícito, testado em grupos de foco compostos de mulheres, a medidas corporativas que envolvem novos sites, salas de bate--papo e outras peças de mídia voltadas para o segmento.

O que é mais importante, e também se assemelha ao caso do tabaco, é que a indústria pornográfica de hoje associa ainda mais explicitamente a apresentação de seu produto à imagem da mulher moderna, liberada, descolada. Em *O século do cigarro*, história do tabaco que acabou por ganhar o prêmio Pulitzer, Allan M. Brandt resume da seguinte maneira as campanhas que visavam fomentar mulheres fumantes:

> O fumo, nessa fase crucial e bem-sucedida de recrutamento, tornou-se para as mulheres parte integrante da boa vida tal qual concebida pela cultura americana de consumo e tal qual representada, explicitamente, nas campanhas de publicidade. A eficácia dessas campanhas era aguçada e reforçada pelos esforços, por parte da área de relações públicas, de criar um ambiente positivo para as novas imagens. Juntas, as campanhas de propaganda e relações públicas promoveram um produto e um comportamento que agora estavam socialmente imbuídos dos atraentes valores do *glamour*, da beleza, da autonomia e da igualdade[4].

---

(4) Allan M. Brandt, *Cigarette Century*, pág. 70.

150   MARY EBERSTADT

A referências semelhantes à «autonomia» e à «igualdade» são expostas as mulheres de hoje, uma vez que os marqueteiros da pornografia buscam ingressar nesse segmento. De fato, antes mesmo do advento da internet, uma geração de empreendedores da indústria já tentava entrar no mercado feminino usando como iscas a «igualdade» e a «libertação». A *Playgirl*, por exemplo, revista que nasceu em 1973 como a primeira para mulheres a mostrar a nudez frontal masculina por inteiro, era vendida para a «mulher liberada, independente, consciente e sensual de hoje»[5]. Do mesmo modo, como revelou à revista *Time*, em 1987, certo produtor de filmes pornográficos, suas películas «enfatizavam a igualdade e a ideia de que o sexo era tanto para as mulheres quanto para os homens, não consistindo apenas em homens tendo relações sexuais com mulheres»[6].

Em suma, à semelhança do que se fez para vender cigarros às mulheres quase um século atrás, a libertação feminina também foi utilizada na tentativa de vender pornografia a elas. As próprias feministas muitas vezes ecoam esse tema ao defenderem o novo produto. Uma autoridade do gabarito de Betty Friedan, por exemplo, endossou o livro *Em defesa da pornografia*, da presidente da União Americana pelas Liberdades Civis, Nadine Strossen, recorrendo à ideia de que a «liberdade de expressão é uma base fundamental da liberdade, da igualdade e da segurança das mulheres»[7].

---

(5) Citado em Kathleen L. Endres e Therese L. Lueck, *Women's Periodicals in the United States: Consumer Magazines*, Greenwood Publishing Group, West Port, 1995, pág. 282.

(6) John Leo, «Sexes: Romantic Porn in the Boudoir», *Time*, 30 de março de 1987. Disponível em: <http://www.time.com/time/magazine/article/0,9171,964897,00.html>.

(7) O endosso de Friedan aparece na contracapa de Nadine Strossen, *Defending Pornography: Free Speech, Sex, and the Fight for Women's Rights*, NYU Press, Nova York, 2000.

7. A TRANSVALORAÇÃO DOS VALORES

* * *

Em suma, olhando para aquilo que os analistas de ações chamariam de «fundamentos» do uso da pornografia virtual nos dias de hoje, e comparando-os aos «fundamentos» do consumo de tabaco no passado, encontramos mais semelhanças do que diferenças entre os dois. Do mesmo modo como o fumo passivo deu fim ao consensual argumento do «E daí?» em torno do tabaco, também os possíveis danos aos outros podem, em última instância, acabar com o atual «E daí?» em torno da pornografia.

Alguns leitores decerto acharão isso improvável. No entanto, os que duvidam de que a pornografia voltará a ser estigmatizada negligenciam um dado social chamativo: quase todo mundo acha que as campanhas de saúde pública contra o fumo valeram a pena. Isso inclui muitos que se ressentiram delas à época e até alguns que ainda fumam. É essa a medida real e mais profunda do quão vitoriosa foi a campanha antifumo. Quaisquer que tenham sido as opiniões pessoais sobre ela ontem, praticamente todo mundo hoje concordaria com que a próxima geração de jovens estará em melhor situação por não fumar como seus pais e avós fumaram.

O que parece não chamar a atenção hoje – gente aceitando dinheiro da indústria pornográfica para ações de caridade, por exemplo, ou gente que atua como juiz em prêmios do ramo da pornografia, ou ainda gente que trabalha como «especialista» para afirmar que seus produtos não geram vício nem dependência – pode amanhã parecer irreal, quiçá até nocivo. Como resultado, os psicólogos e demais especialistas de quem a indústria pornográfica hoje depende talvez ainda estejam vivos para ver seus esforços condenados pelo público, do mesmo modo como muitas pessoas que um dia ajudaram a indústria do tabaco – sendo pagas para isso ou não – hoje são vistas com olhos críticos.

Essa especulação toda quanto aos níveis atuais de consumo de pornografia virtual não serve para dizer que grandes coisas acontecerão de um dia para o outro, ou mesmo que esse consumo já chegou a seu ápice. A estigmatização, a desestigmatização e a reestigmatização de comportamentos dão-se lentamente se comparadas aos ritmos de qualquer indivíduo, ou até mesmo das sucessões geracionais. Não obstante, e apesar do sofisticado consenso de hoje sobre como é inofensiva a pornografia na internet, não é difícil imaginar um consenso futuro que lance um olhar mais frio sobre ela do que o olhar atual, inclusive por razões que hoje estamos apenas começando a entender.

Parece seguro apostar que o tempo mesmo nos dará um entendimento mais claro de todos os aspectos da Revolução Sexual; e, quando isso acontecer, a pornografia provavelmente será o primeiro produto a ser rebaixado.

8.
Confirmação da *Humanae vitae*

De todas as repercussões paradoxais da pílula, talvez a mais espetacular seja esta: o ensinamento moral mais fora de moda, mais indesejado e mais deplorado do planeta é também aquele que o acúmulo de dados seculares, empíricos e pós-revolucionários mais confirma. O documento em questão, obviamente, é a *Humanae vitae*, carta encíclica do Papa Paulo VI, publicada em 25 de julho de 1968, sobre a regulação da natalidade.

Ora, que a *Humanae vitae* e os ensinamentos católicos a respeito da moralidade sexual são motivo de piada nas altas esferas não é exatamente novidade. Mesmo nos incultos recintos dos fiéis, em que se sabe que a informação do mundo exterior corre com enorme vagar, todos entendem que essa é uma doutrina que o mundo adora odiar. Durante a visita de Bento XVI aos Estados Unidos em abril de 2008, por exemplo, praticamente nenhum artigo na imprensa secular deixou de mencionar os ensinamentos da *Humanae vitae*, em geral ao lado de adjetivos como «divisivos», «controversos» e «antiquados». De fato, se há algo na Terra que une os adversários da Igreja – todos, excetuando talvez os muçulmanos –, esse algo provavelmente é seu ensinamento a respeito da contracepção.

Hoje, como na época em que a encíclica foi promulgada, a ideia em questão soa simplesmente incompreensível. Adultos livres ouvindo que não podem usar anticoncepcional? *É um absurdo!* Pais do Terceiro Mundo desprovidos de acesso à contracepção e ao aborto? *Que crime!* Proibição de preservativos onde há risco de contrair Aids? *Isso é mais do que desprezível!*

«Execração do mundo»: eis no que incorreu, segundo a expressão da filósofa G. E. M. Anscombe, o Papa Paulo VI com o documento, ao qual os anos só acrescentaram novas ridicularizações[1]. Já não ouvimos todos a paródia do Monty Python intitulada «Todo esperma é sagrado»? Não escutamos piadas como: «Quem não joga o jogo não faz as regras» e «Como se chama o método natural? *Roleta vaticana*»? Ou ainda: «Como se chama uma mulher que usa o método natural? *Mamãe*».

Como todos também sabem, não são apenas os adversários autodeclarados da Igreja que se dedicam a esse esporte: também participam dele muitos católicos americanos e europeus, sobretudo aqueles muitas vezes chamados de «católicos dissidentes» ou «católicos de estatística», e que mais precisamente poderiam ser chamados de «católicos do "mas"». *Posso ser católico, mas não sou fanático* é o subtexto não oficial, que significa: *Aceito de bom grado o crédito pelas esclarecidas posições católicas acerca da pena de morte, da justiça social e dos direitos civis, mas*

---

(1) G. E. M. Anscombe, *Contraception and Chastity* (Catholic Truth Society, Londres, 1975), reproduzido em Janet E. Smith (org.), *Why «Humanae vitae» Was Right: A Reader*, Ignatius Press, São Francisco, 1993, págs. 121-46.

não acredito, é claro, em seus ensinamentos arcaicos sobre divórcio, homossexualidade e, acima de tudo, controle de natalidade.

Essa é a sina atual da *Humanae vitae* e de tudo o que ela representa para a Igreja nos Estados Unidos e para o que dela resta no Ocidente desenvolvido. Parece certo dizer que, a cada ano que passa, encontramos menos sacerdotes que expliquem sua doutrina, menos paroquianos que a obedeçam e menos gente instruída que evite revirar os olhos diante da ideia de que possa haver alguém, a essa altura, que seja tão antiquado ou propositalmente perverso a ponto de manifestar alguma opinião sobre o sexo contraceptivo – ou melhor, alguma opinião que não consista em seu elogio como principal libertação de nosso tempo.

Então, no meio desse aparente consenso, no meio de todas as cinzas espalhadas sobre esse ensinamento cristão bimilenar, ergue-se uma lição de moral só nesse aparente consenso a respeito do ridículo disso tudo, entre todas essas cinzas espalhadas sobre um ensinamento cristão que se estende por dois milênios, ergue-se uma lição de moral extremamente divertida – divertida, ao menos, para quem gosta de um humor negro.

Aquele, porém, que mora nos céus, se ri (Salmo 2, 4), garante o salmista, que nessa passagem refere-se de modo especial ao gosto da vingança sobre os adversários. Nesse caso, a essa altura as gargalhadas devem ser prodigiosas. As célebres previsões do documento foram ratificadas não somente com força empírica, mas também de modo quase inaudito – de maneiras, em suma, que seus autores não poderiam jamais prever, inclusive por informações que não existiam quando o documento foi escrito, por estudiosos e outros profissionais sem qualquer interesse em

156 MARY EBERSTADT

seus ensinamentos e, quiçá inadvertidamente, por muitos adversários orgulhosos da Igreja.

Mais de quarenta anos depois da *Humane vitae*, mais de cinquenta anos depois da aprovação da pílula, há ironias suficientes – tanto em âmbito secular quanto religioso – para nos fazer jurar que há um humorista no céu.

* * *

Reflitamos, de início, sobre aquela que pode ser considerada a primeira das ironias seculares hoje evidentes. Ela vem das previsões da *Humanae vitae* sobre como o mundo seria se a contracepção artificial se disseminasse. A encíclica advertia para quatro tendências resultantes: o rebaixamento geral dos padrões morais em toda a sociedade; o aumento da infidelidade; a diminuição do respeito dos homens pelas mulheres; e o uso coercitivo de tecnologias reprodutivas pelos governos.

Nos anos que se passaram desde o aparecimento da *Humanae vitae*, vários pensadores católicos de renome afirmaram, com base em evidências diversas, que cada uma dessas previsões encontrou respaldo na realidade social. Basta pensar, por exemplo, no Monsenhor George A. Kelly, com seu «O amargo comprimido que a comunidade católica engoliu», de 1978; ou então nas várias contribuições de Janet E. Smith, incluindo seu «*Humanae vitae*»: *uma geração depois* e a coletânea *Por que a «Humanae vitae» estava certa: textos coligidos*[2].

---

(2) George A. Kelly, «The Bitter Pill the Catholic Community Swallowed», em William E. May e Kenneth D. Whitehead (org.), *The Battle for the Catholic Mind: Catholic Faith and Catholic Intellect in the Work of the Fellowship of Catholic Scholars, 1978-95*, St. Augustine's Press, South Band, 2001, págs. 41-109. Cf. também Janet E. Smith, «*Humanae vitae*»: *A Generation Later*, Catholic University of America Press, Washington, D. C., 1991, e *Why «Humanae vitae» Was Right*, citado acima.

8. CONFIRMAÇÃO DA *HUMANAE VITAE*

E é aí que está a ironia dentro da ironia. Embora tenham sido em grande parte os pensadores católicos a ligar as últimas evidências empíricas à defesa das previsões da *Humanae vitae*, durante esses mesmos anos a maioria dos especialistas que efetivamente *produzia* essas evidências era composta de cientistas sociais operando em âmbito secular. Como bem enfatizou o sociólogo W. Bradford Wilcox em ensaio de 2005, «os principais estudiosos a se debruçarem sobre esses assuntos não são cristãos – e a maioria não é conservadora do ponto de vista político ou social. Trata-se, antes, de cientistas sociais honestos, dispostos a ir atrás dos dados aonde quer que eles levem»[3].

Vejamos, como também faz Wilcox, uma figura como George Akerlof, economista que viria a ganhar o prêmio Nobel. Num conhecido artigo publicado em 1996 no *Quarterly Journal of Economics*, Akerlof explicou, usando a linguagem da economia moderna, por que a Revolução Sexual – ao contrário das previsões em voga, sobretudo daqueles que, dentro e fora da Igreja, gostariam que o ensinamento sobre o controle da natalidade fosse alterado – levara tanto ao aumento da ilegitimidade quanto do aborto[4]. Em outro trabalho, dessa vez publicado no *Economic Journal* em 1998, ele mapeou as relações empíricas que há entre a diminuição de homens casados e da paternidade dentro do matrimônio (duas consequências claras da revolução contraceptiva) e o aumento simultâneo de com-

---

(3) W. Bradford Wilcox, «The Facts of Life and Marriage: Social Science and the Vindication of Christian Moral Teaching», *Touchstone*, janeiro-fevereiro de 2005. Disponível em: <www.touchstonemag.com/archives/article.php?id=18-01-038-f>.

(4) George A. Akerlof, Janet L. Yellen e Michael L. Katz, «An Analysis of Out-of-Wedlock Childbearing in the United States», *Quarterly Journal of Economics*, 111, n. 2, 1996, págs. 277-317.

portamentos a que os homens solteiros parecem mais suscetíveis: abuso de substâncias químicas, detenções, prisões... – para citarmos apenas três[5].

Na pesquisa, Akerlof encontrou fortes vínculos entre a redução dos casamentos, de um lado, e o aumento da pobreza e das patologias sociais, de outro. Na revista *Slate*, ele explicou suas descobertas em termos leigos: «Apesar de sempre restar dúvidas sobre o que vem a causar mudanças em determinado costume social, a teoria do choque tecnológico se encaixa nos fatos. A nova tecnologia reprodutiva foi adotada rapidamente e em escala maciça. Os padrões conjugais e de fertilidade mudaram de maneira igualmente dramática, e por volta da mesma época»[6].

Aos exemplos que as ciências sociais seculares nos dão e que confirmam o que os pensadores católicos haviam previsto, é possível acrescentar muitos outros que demonstram os efeitos negativos de tudo isso sobre as crianças e a sociedade. O trabalho inovador que Daniel Patrick Moynihan realizou em 1965 sobre as famílias negras é um desses exemplos, bem como as pesquisas de Judith Wallerstein, Barbara Dafoe Whitehead, Sara McLanahan, Gary Sandefur e David Blankenhorn, entre outros estudiosos também mencionados no capítulo 1.

Muitos outros livros seguiram esse caminho de analisar os benefícios do casamento, incluindo alguns já mencionados nestas páginas – *O problema do casamento*, de James Q. Wilson;

---

(5) George V. Akerlof, «Men Without Children», *Economic Journal*, 108, 1998, págs. 287--309.

(6) George V. Akerlof e Janet L. Yellen, «Why Kids Have Kids», *Slate*, 16 de novembro de 1996. Disponível em: <http://www.slate.com/articles/briefing/articles/1996/11/why_kids_have_kids.html>.

8. CONFIRMAÇÃO DA *HUMANAE VITAE*

Em defesa do casamento, de Linda Waite e Maggie Gallager; *Casamento e casta na América*, de Kay Hymowitz; e *Entre dois mundos: a vida interior dos filhos do divórcio*, de Elizabeth Marquardt. A essa lista poderiam ser acrescentados muitos outros exemplos de como os dados disponíveis aumentaram, e de tal modo que passaram a sustentar a proposição de que a Revolução Sexual causou desastres em todo o país. Essa proposição, ademais, ganha força ainda maior após décadas inteiras de análises da relação entre o bem-estar público e a disfunção familiar, sobretudo nas páginas da revista *Public Interest*, que está longe de ser católica. Outras obras seminais observam ainda que ações privadas, de modo especial os hábitos sexuais pós-revolucionários, tiveram consequências públicas maciças. *Perdendo terreno*, de 1984, profícuo estudo de Charles Murray sobre políticas públicas, destaca-se de imediato, bem como *A grande ruptura: a natureza humana e a reconstituição da ordem social*, influente obra lançada em 1999 por Francis Fukuyama[7].

Afirmo tudo isso para dizer que, pouco antes do aparecimento da *Humanae vitae*, teve já início um repensar acadêmico e intelectual que não pode mais ser ignorado, um repensar que acumulou dados empíricos que apontam para os efeitos deletérios da Revolução Sexual em muitos adultos e crianças. Mesmo diante dos ocasionais esforços para dar boa aparência às tendências atuais, não há como maquiar os índices historicamente altos de famílias divididas e mães solteiras. Por exemplo, num ensaio amplamente debatido e um tanto contra a cor-

---

(7) Charles Murray, *Losing Ground: American Social Policy, 1950-1980*, Basic Books, Nova York, 1984; Francis Fukuyama, *A grande ruptura: a natureza humana e a reconstituição da ordem social*, Rocco, Rio de Janeiro, 2000. Fukuyama afirmou que a pílula era um dos dois elementos mais influentes da época; o outro seria a transformação de uma economia baseada na manufatura para uma economia baseada na informação.

rente, cujo título é «Crime, drogas, bem-estar... e outras boas notícias», Peter Wehner e Yuval Levin aplaudiram o fato de que vários índices de desastres e disfunções sociais pareciam estar melhorando em comparação com taxas-base anteriores; entre as categorias encontravam-se a de crimes violentos e contra a propriedade, bem como o uso de álcool e drogas por adolescentes. No entanto, eles mesmos se viram obrigados a observar que «alguns dos indicadores sociais mais vitais – aqueles relacionados à condição e à força da família americana – até aqui recusaram-se a subir»[8].

Em suma, ainda que alguns apologistas continuem a insistir no contrário, praticamente todos os que têm acesso às evidências reconhecem que a Revolução Sexual enfraqueceu os laços familiares e que esses laços (em suma, a presença de pai e mãe biológicos em casa) revelaram-se importantes indicadores de bem-estar infantil. E mais: reconhecem, ainda, que o lar dividido não é um problema somente para o indivíduo, mas também para a sociedade inteira.

Alguns estudiosos seculares de hoje chegam a associar esses problemas à própria revolução contraceptiva. Pensemos na obra do sociobiólogo independente Lionel Tiger. Longe de ser alguém a serviço do Papa – para ele, a religião é «uma questão tóxica» –, Tiger enfatizou repetidas vezes a centralidade da Revolução Sexual nos problemas de nosso tempo. Seu livro *O declínio dos machos*, de 1999, foi particularmente controverso entre as feministas graças ao argumento de que os anticoncepcionais femininos haviam alterado perturbadoramente o equi-

---

(8) Yuval Levin e Peter Wehner, «Crimes, Drugs, Welfare—and Other Good News», *Commentary*, dezembro de 2007. Disponível em: <http://www.commentarymagazine.com/article/crime-drugs-welfare%e2%80%94and-other-good-news/>.

8. CONFIRMAÇÃO DA *HUMANAE VITAE*

líbrio entre os sexos (sobretudo ao tirar dos homens qualquer influência na decisão de ter filhos)[9].

Também é de intrigar, ao menos nos círculos seculares, a associação que Tiger fez entre a contracepção, de um lado, e o colapso das famílias, o empobrecimento feminino, certos problemas no relacionamento entre os sexos e a realidade das mães solteiras, do outro. O autor ainda declarou – e isso a *Humanae vitae* não chegou a fazer explicitamente, mas apenas outras obras de teologia – que «a contracepção leva ao aborto»[10].

Quem poderia negar que as previsões da *Humanae vitae* – e, por extensão, da teologia moral católica – foram ratificadas com dados e argumentos que nem sequer existiam em 1968? No entanto, eis que surge aquela pergunta que simplesmente não se esgota: será que essa dramática reavaliação do universo empiricamente conhecido levou a uma reavaliação secular mais ampla, ainda que relutante, que concluísse que Paulo VI talvez tenha acertado alguma coisa? A resposta claramente é *não* – e isso é só o começo da dissonância que nos cerca.

* * *

Os anos que antecederam à aprovação da pílula destruíram também o manto chamado «ciência» com o qual os detratores da *Humanae vitae* outrora se envolviam. De modo especial, a ciência populacional de caráter apocalíptico, tão popular e influente durante a época de publicação da encíclica, foi reiteradamente demolida.

---

(9) Lionel Tiger, *The Decline of Males: The First Look at an Unexpected New World for Men and Women*, Diane Publishing, Darby, 1999, pág. 20.

(10) *Idem, ibidem*, pág. 27.

Nascida do famoso *Ensaio sobre o princípio da população*, publicado em fins do século XVIII por Thomas Robert Malthus, a teoria consistia na original ideia de que a humanidade mesma era uma espécie de flagelo ou poluição cuja pressão sobre os demais membros levaria à catástrofe. Não obstante tenha criado raízes em outras épocas e lugares, certa variedade de malthusianismo florescia plenamente nos Estados Unidos do começo da década de 1960. Com efeito, a *Humanae vitae* foi publicada dois meses antes da obra de popularização do malthusianismo de maior sucesso até então: *A bomba populacional*, de Paul R. Ehrlich. A obra tinha início com palavras funestas: «A batalha para alimentar toda a humanidade acabou. Nas décadas de 1970 e de 1980, centenas de milhões de pessoas morrerão de fome, a despeito de todo e qualquer programa de emergência iniciado agora»[11].

Se, como sugeriu George Weigel, 1968 era o pior momento para a publicação da *Humanae vitae*, não poderia haver oportunidade melhor para que Ehrlich propusesse sua tese apocalíptica[12]. Entomólogo especializado em borboletas, Ehrlich encontrou um público americano, incluindo uma geração de católicos, extraordinariamente receptivo a seus sombrios pensamentos sobre a humanidade.

---

(11) Paul Ehrlich, *The Population Bomb: Population Control or Race to Oblivion?*, Sierra Club/ Ballantine Books, Nova York, 1970, pág. xi.

(12) Cf. George Weigel, *Witness to Hope: The Biography of Pope John Paul II*, HarperCollins, Nova York, 1999, pág. 210: «O momento de publicação da *Humanae vitae*», escreve o autor, «não poderia ter sido pior: 1968, ano de entusiasmos revolucionários, não era o momento para uma reflexão calma e comedida sobre nada. É de duvidar que qualquer reiteração da posição católica tradicional sobre a castidade conjugal, por mais convincente que fosse, pudesse ser ouvida naquelas circunstâncias. Por outro lado, é preciso questionar por que uma posição que defendia meios "naturais" de regulação da fertilidade foi considerada antiquada no mesmo instante em que "natural" estava se tornando uma das palavras sagradas do mundo desenvolvido, sobretudo em relação à consciência ecológica».

Foi essa a onda que *A bomba populacional* surfou para se tornar um dos livros mais vendidos de sua época. É claro que muita gente sem nenhum tino metafísico sentiu-se interessada pelas profecias apocalípticas de Ehrlich. De modo especial para os católicos irrequietos, o temor da superpopulação tinha seus encantos. Afinal, se a superpopulação podia ser postulada como o problema, a suposta solução era óbvia: *fazer* a Igreja acabar com a proibição do controle de natalidade.

Não é mera coincidência que essa nobre pretensão de salvar o planeta tenha sido perfeitamente harmonizada com um desfecho mais egoísta, a saber: a busca mais livre da sexualidade por meio da pílula. Os católicos dissidentes tinham seus motivos para dar ênfase à «ciência da superpopulação» – e assim o fizeram. Em nome de uma moralidade mais elevada, era possível defender o controle de natalidade como o menor de dois males (posição essa que veio a ser adotada, entre outros, pelo dissidente Charles Curran).

Menos de meio século depois, as preocupações com a avassaladora taxa de natalidade parecem tão pseudocientíficas quanto a frenologia (na verdade, talvez estejamos sendo injustos com a frenologia aqui). De fato, a literatura que trata da superpopulação não foi apenas abandonada pelos pensadores em prol de pesquisas científicas mais apuradas; antes, ela foi de tal maneira desmascarada que as teorias de vanguarda preocupam-se, hoje, exatamente com o contrário, isto é, com a «escassez de nascimentos» que vem «grisalhando» o mundo desenvolvido.

Com efeito, a ciência da superpopulação ficou tão desacreditada que, em 2008, o historiador Matthew Connelly, da Universidade de Columbia, pôde publicar *O equívoco fatal: a luta para controlar a população mundial* e receber uma estrela na resenha

164 MARY EBERSTADT

da *Publishers Weekly* – tudo a serviço dessa que provavelmente é a melhor demolição dos argumentos populacionais que acabariam por solapar, segundo alguns, os ensinamentos cristãos[13]. A ratificação é ainda mais satisfatória porque Connelly é bastante conscencioso ao estabelecer seu antagonismo em relação à Igreja Católica (chegando mesmo a afirmar, sem nem acrescer uma nota de rodapé, que o planejamento familiar natural «ainda não funciona para a maioria dos casais que tenta usá-lo»).

O equívoco fatal é prova decisiva de que o espetáculo da superpopulação, à época usado para intimidar o Vaticano em nome da ciência, nunca passou de um erro grotesco. Em primeiro lugar, diz Connelly, o movimento em prol do controle populacional estava factualmente errado: «As duas afirmações mais fortes a que os controladores populacionais recorrem ao falar de sua contribuição histórica no longo prazo» são as de que «tiraram a Ásia da pobreza e ajudaram a manter nosso planeta habitável»[14]. Como o autor acaba por demonstrar, ambas as proposições são falsas.

Ainda mais devastadora é a demolição da suposta superioridade moral dos alarmistas superpopulacionais, cujos estudos, segundo Connelly, não apenas nada fizeram pelas pessoas, mas também prejudicaram ativamente parte delas, e de um jeito que nos faz lembrar alguns dos episódios mais vis da história recente:

A grande tragédia do controle populacional, o equívoco fatal, foi achar que era possível conhecer os interesses dos ou-

---

(13) Matthew Connelly, *Fatal Misconception: The Struggle to Control World Population*, Belknap Press, Cambridge, 2008.

(14) *Idem, ibidem*, pág. 371.

8. CONFIRMAÇÃO DA *HUMANAE VITAE*

tros melhor do que eles mesmos. [...] A essência do controle populacional, quer estivesse voltada para os migrantes, para os «desajustados» ou para as famílias que pareciam ou grandes ou pequenas demais, estava em criar regras para os outros sem ter de cumpri-las. Isso atraiu quem tinha certo poder porque, com a disseminação dos movimentos emancipatórios, começou a parecer mais fácil e mais lucrativo controlar populações do que controlar territórios. É por isso que seus adversários estão essencialmente corretos em vê-lo como mais um capítulo da inacabada empreitada do imperialismo[15].

Os anos que se passaram desde a promulgação da *Humanae vitae* também confirmaram os medos da encíclica quanto ao uso coercitivo das novas tecnologias contraceptivas. O exemplo mais célebre é, naturalmente, a longeva «política do filho único» adotada pelo governo chinês, com seus abortos forçados, o controle público de ciclos menstruais, as fugas familiares, o aumento do infanticídio feminino e outras agressões tão numerosas que seria impossível listá-las aqui – tão numerosas, na verdade, que chegam a ser reconhecidas como males, embora muitas vezes a contragosto, até mesmo pelas burocracias internacionais de direitos humanos. Entre os exemplos menos conhecidos estão a adoção, pelo governo indiano, do uso compulsório de anticoncepcionais em 1976 e 1977, durante o período da «Emergência»[16], e a prática do governo indonésio nas

---

(15) *Idem, ibidem*, pág. 378.

(16) «A Emergência» é como se tornou conhecido um período de 21 meses, transcorrido entre 1975 e 1977, no qual declarou-se estado de emergência em toda a Índia, sob sugestão da primeira-ministra Indira Gandhi. Ao longo desse período, a primeira-ministra pôde governar por decreto e houve a suspensão de uma série de direitos civis. Em setembro de 1976, o governo deu início a um amplo programa de esterilização em massa. (N. do E.)

décadas de 1970 e 1980, quando as mulheres eram coagidas a usar DIUs e o implante hormonal Norplant.

Se os governantes «o julgassem necessário», advertiu a *Humanae vitae*, poderiam até mesmo impor seu uso às populações. Porventura algum dos revisionistas populacionais dará, como no caso da involuntária confirmação vinda das ciências sociais, o crédito a quem o crédito é devido?

* * *

Talvez a mais escarnecida das previsões da *Humanae vitae* seja a de que separar o sexo da procriação deformaria as relações entre homens e mulheres e «deixaria amplo e fácil o caminho para a infidelidade conjugal e para a degradação da moralidade». Numa época em que são gritantes as propagandas de cunho sexual nos *outdoors* e nas páginas da internet, numa época em que cada família ocidental recebe uma dose inédita de lares divididos, divórcios e abortos, alguns poderiam muito bem questionar se provas ulteriores ainda poderiam ser oferecidas.

Declarar, porém, que a questão é óbvia e deixá-la de lado seria perder de vista algo bastante importante. Pode-se dizer que o ponto crítico não está nem tanto nas provas, e sim no que há em volta dela... E, nesse caso, seria difícil encontrar ironia maior do que ver as previsões da *Humanae vitae* confirmadas, nesse âmbito, por aquela que talvez seja a mais improvável (para nem dizer involuntária) das testemunhas: o feminismo.

Todavia, foi exatamente isso o que aconteceu no período que se seguiu a 1968. De Betty Friedan e Gloria Steinem a Andrea Dworkin e Germaine Greer, passando também por Susan Faludi e Naomi Wolf, a literatura feminista tem consistido

8. CONFIRMAÇÃO DA *HUMANAE VITAE*

numa cacofonia notavelmente constante de rancor, recriminação e descontentamento sexual. Nesses registros – elaborados pelas *defensoras* mesmas da Revolução – encontramos, como em nenhum outro lugar, o testemunho pessoal daquilo que a Revolução causou às mulheres. Para voltarmos ao paradoxo apresentado no capítulo 2, a libertação das supostas cadeias da reprodução não parece ter deixado as mulheres mais felizes. De fato, a julgar pela literatura popular, elas se encontram mais infelizes do que nunca – e isso também notaram, de maneira um tanto perspicaz, algumas analistas sociais que se puseram a remar contra a corrente, incluindo Midge Decter, Danielle Crittenden e F. Carolyn Graglia[17].

Tomemos apenas o que incontáveis livros nos disseram sobre o assunto ao longo dos anos. Se casavam e tinham filhos, as feministas reclamavam. Se não casavam e não tinham filhos, reclamavam também. Se trabalhavam fora de casa e ainda cuidavam dos filhos, reclamavam de como tudo isso era difícil. Se trabalhavam fora de casa e não cuidavam dos filhos, censuravam toda e qualquer pessoa que achasse que elas deveriam fazê-lo. Além disso, atravessam toda essa literatura invectivas constantes a respeito de como os homens são desrespeitosos e pouco confiáveis.

As metáforas que definem o feminismo revelam tudo o que precisamos saber sobre o quão felizes as mulheres ficaram com a libertação: a casa pacata é um campo de concentração, os homens são estupradores, os filhos constituem fardos intole-

---

(17) Cf., entre suas muitas críticas mordazes do feminismo, Midge Decter, *An Old Wife's Tale: My Seven Decades in Love and War*, William Morrow, Nova York, 2001. Cf. também Danielle Crittenden, *What Our Mothers Didn't Tell Us: Why Happiness Eludes the Modern Woman*, Simon and Schuster, Nova York, 1999, e F. Carolyn Graglia, *Domestic Tranquility: A Brief against Feminism*, Spence, Dallas, 1998.

ráveis, os fetos são parasitas – e assim por diante. São esses os ecos da libertação? Mesmo o tão louvado direito ao aborto, reivindicado e exercido em índices extraordinários, não pareceu mitigar a miséria de milhões dessas mulheres depois da Revolução Sexual.

Para completar, Leslie Bennetts, feminista e colaboradora da revista *Vanity Fair*, publicou recentemente um livro em que insta as mulheres a protegerem-se financeiramente – e não só – da dependência dos homens, inclusive daqueles que virão a deixá-las quando tiverem mais idade. As mães não podem se dar o direito de ficar em casa com os filhos, diz ela, porque não é possível ter certeza de que seus maridos não irão abandoná-las. (Uma das personagens que ela critica chama o abandono e o divórcio de «massacre dos inocentes»). Linda Hirshman, feminista de orientação semelhante, escreveu em 2005 um manifesto feroz e amplamente lido em que apregoa, entre outras «soluções» amargas, que as mulheres devem se proteger adotando voluntariamente a política do filho único[18]. (Para ela, o segundo filho muitas vezes obriga a mãe a se mudar para regiões periféricas, o que deixa ainda mais distantes o escritório e outros conveniências que facilitam o trabalho.)

Por baixo de todo esse *pathos*, o subtexto permanece o mesmo: o principal adversário da Mulher é o Homem Não Confiável, que não compreende suas necessidades sexuais e românticas e que sempre cai fora quando alguém mais jovem aparece rebolando. Não serão esses senão os gritos genéricos de uma mulher que acredita que os homens não se preocupam mais com o «equilíbrio físico e psicológico dela», tratando-a, an-

---

(18) Linda Hirshman, «Homeward Bound», *American Prospect*, 22 de novembro de 2005.

8. CONFIRMAÇÃO DA *HUMANAE VITAE*

tes, como «simples instrumento de prazer egoísta», e não mais como «sua companheira, respeitada e amada»[19]?

Talvez o argumento mais persuasivo em prol do casamento tradicional não tenha vindo da capa do *Catholic World Report*, mas da seculariíssima revista *Atlantic*. O artigo «Case com ele!», publicado em 2008 por Lori Gottlieb, mãe solteira que, para não perder a oportunidade de ser mãe, concebeu seu único filho com esperma doado, traz uma visão franca e angustiante de alguns dos recantos mais solitários da Revolução Sexual, incluindo a geração de crianças que têm por pais doadores anônimos ou ausentes, a corrosividade causada pela abordagem consumista do romance e os tristes efeitos do envelhecimento no mercado sexual[20].

Gottlieb escreve como alguém que seguiu toda a cartilha feminista – tudo para perceber, quando já era tarde demais, que havia sido enganada. À ágil linguagem do artigo, é o pesar que subjaz como motor. Reconhecendo o quanto cobiça os maridos das amigas, ainda que somente pelo lúgubre desejo de ter alguém que a ajude no cuidado com os filhos, a autora aconselha:

> Aquelas de nós que optam por não aceitar o que têm na esperança de encontrar uma alma gêmea no futuro são como adolescentes que não se julgam vulneráveis a morrer quando conduzidas por um motorista bêbado. Nós perdemos de vista nossa própria mortalidade. Esquecemos que também nós envelheceremos e ficaremos menos atraentes. E,

---

(19) Papa Paulo VI, *Humanae vitae*, 25 de julho de 1968, n. 17.

(20) Lori Gottlieb, «Marry Him!», *Atlantic*, fevereiro de 2008. Disponível em: <http://www.theatlantic.com/magazine/archive/2008/03/marry-him/6651/>.

mesmo que alguns homens nos achem interessantes e estejam dispostos a formar uma família, eles provavelmente se casarão com alguém mais jovem, com quem possam ter filhos biológicos. Isso é razão mais do que suficiente para aceitarmos aquilo que temos antes que essa deixe de ser uma opção possível[21].

A exemplo de Naomi Wolf e muitas das outras observadoras contemporâneas já mencionadas, Gottlieb é hoje apenas mais uma a dar um testemunho involuntário das esquisitices que aconteceram depois que a pílula libertou todo mundo da escravidão sexual.

Que não haveria uma literatura de pesar para os homens – os quais, em sua grande maioria, simplesmente não veem muito o que lamentar nessa nova ordem mundial – é algo que a *Humanae vitae*, bem como alguns outros tipos retrógrados, previu para o período posterior à Revolução. Como diz o ditado – e como também disseram muitos à época –, *cui bono*? Décadas depois, as evidências estão disponíveis. Como bem observou o arcebispo Charles J. Chaput em 1998, no trigésimo aniversário da *Humanae vitae*, «a contracepção isentou os homens – num grau sem precedentes históricos – da responsabilidade pela agressão sexual»[22]. Alguma feminista de hoje que discorde sinceramente dessa afirmação poderia se apresentar, por favor?

* * *

(21) *Ibidem.*

(22) Arcebispo Charles J. Chaput, Carta pastoral de 1998, adaptada em «Forty Years Later: Pope's Concern in *Humanae vitae* Vindicated», *Denver Catholic Register*, 22 de julho de 2008. Disponível em: <http://www.archden.org/dcr/news.php?e=480&s=2&a=10086».

Os adversários da *Humanae vitae* também não tinham como prever outro desdobramento histórico importante, um desdobramento que, em retrospecto, poderia solapar o excesso de exigências para que a Igreja Católica acompanhe a mudança dos tempos. Trata-se do amplo colapso dos protestantes, sobretudo da contínua implosão da Igreja Episcopal e outros ramos do anglicanismo. Como nenhuma cadeia histórica pode deixar mais claro, tudo isso é consequência direta da famosa Conferência de Lambeth de 1930, na qual os anglicanos abandonaram a antiga posição cristã sobre os métodos contraceptivos. Se, como dizem, uma igreja não pode dizer a seu rebanho «o que fazer com o próprio corpo» no que diz respeito à contracepção, então outros usos desse corpo logo ficarão igualmente alheios à autoridade eclesiástica.

É perfeitamente – e tristemente – compreensível, pois, que os anglicanos estejam hoje implodindo por conta da questão da homossexualidade. Citando Anscombe mais uma vez:

> Se a cópula contraceptiva é permissível, que objeção pode haver, no fim das contas, à masturbação mútua, à cópula *in vase indebito*, à sodomia e ao bestialismo [...] quando a cópula normal for impossível ou desaconselhável (ou quando simplesmente se trata de questão de gosto)? O que faz a diferença não pode ser o mero padrão de comportamento corporal com que se obtém o estímulo! Se, porém, não há problema algum na contracepção, torna-se impossível ver algo de errado, por exemplo, na relação homossexual. Não estou querendo dizer que, se você não vê problemas na contracepção, acabará praticando todas essas coisas – de jeito nenhum. O hábito da respeitabilidade persiste, e velhos pre-

conceitos não somem tão facilmente. O que quero dizer, porém, é que você não terá, contra essas coisas, nenhum argumento sólido. Você não terá respostas para alguém que diga que elas também são boas. Você não pode recorrer à afirmação de que o cristianismo tirou as pessoas do mundo pagão sempre dizendo não a essas coisas. Pois, ao defender a contracepção, você terá rejeitado a tradição cristã.

Ao abençoar, em 1930, os heterossexuais casados que buscavam deliberadamente o sexo estéril, a Igreja Anglicana perdeu, pouco a pouco, toda e qualquer autoridade para dizer a seus outros membros – casados ou não casados, homossexuais ou heterossexuais – que não fizessem a mesma coisa. Noutras palavras: uma vez que os heterossexuais começassem a exigir o direito de agir como homossexuais, não demoraria para que os homossexuais começassem a reclamar os direitos dos heterossexuais.

Desse modo, num sentido bizarro, mas ao mesmo tempo bastante real, a tentativa da Conferência de Lambeth de demonstrar compaixão pelos heterossexuais casados gerou o movimento moderno de direitos dos homossexuais – e, por conseguinte, todas as questões que dividiram sua igreja desde então. É difícil acreditar que alguém que deseje uma mudança semelhante no ensinamento católico a esse respeito queira que a Igreja Católica acompanhe a confusão moral e teológica que há hoje no centro da Igreja Anglicana. No entanto, tão grande é a ignorância deliberada de muitos daqueles que se opõem a Roma quanto ao controle de natalidade que eles se recusam a ligar esses pontos históricos admonitórios.

Os anos passados desde a *Humanae vitae* testemunham algo mais, algo que nem os católicos tradicionalistas nem os dissi-

8. CONFIRMAÇÃO DA *HUMANAE VITAE*

dentes poderiam ter previsto. Trata-se de outro desdobramento que acabou por dar crédito retroativo à Igreja, a saber: a séria reavaliação a que foi submetida a sexualidade cristã por protestantes fora da órbita progressista.

Assim, por exemplo, no artigo «Contracepção: um simpósio», publicado na revista *First Things* em dezembro de 1998, Albert Mohler, presidente do Southern Baptist Theological Seminary, observou: «Numa reviravolta irônica, os evangélicos americanos estão repensando o controle de natalidade, ao mesmo tempo que uma maioria de católicos romanos do país mostra rejeitar o ensinamento de sua Igreja»[23]. Em 2006, ao ser entrevistado sobre o pensamento religioso de hoje acerca da contracepção artificial, Mohler disse à revista dominical do *New York Times*:

> Não consigo pensar em qualquer desdobramento na história humana, desde a Queda, que tivesse maior impacto sobre os seres humanos do que a pílula. [...] Todo o horizonte do ato sexual muda. Não há dúvidas de que a pílula conferiu incrível permissividade a tudo, desde o adultério e os casos amorosos até o sexo pré-conjugal e dentro do casamento, passando pela separação entre o ato sexual e a procriação[24].

Mohler também observou que esse legado nocivo vinha afetando a geração mais jovem de evangélicos. «Detecto uma grande mudança. Os estudantes em nosso *campus* estão mui-

---

(23) Citado em Albert Mohler Jr., «Can Christians Use Birth Control?», AlbertMohler.com, 8 de maio de 2006 (originalmente disponível em 30 de março de 2004). Disponível em: <http://www.albertmohler.com/2006/05/08/can-christians-use-birth-control/>.

(24) Citado em Russell Shorto, «Contra-Contraception», *New York Times Magazine*, 7 de maio de 2006. Disponível em: <http://www.nytimes.com/2006/05/07/magazine/07contraception.html?pagewanted=all>.

to preocupados. Não se passa uma semana sem que pastores venham me procurar para tratar dessa questão. Há debates sobre o que está acontecendo. Essa é uma das coisas que podem dividir os evangélicos»[25]. Parte dessa divisão inclui o Quiverfull, movimento protestante que se opõe à contracepção e que hoje teria dezenas de milhares de seguidores. Ao contrário do que faz a Igreja Católica, ele chegaria a proibir o planejamento familiar natural, instando os casais a terem tantos filhos quanto puderem.

Como resultado dessa reavaliação por parte de alguns protestantes, a experiência parece ter ensinado uma lição semelhante a pelo menos alguns jovens católicos, isto é, à geração que cresceu com o divórcio, com a disseminação da contracepção, com as famílias sem pai e com todas as outras repercussões emancipatórias. Como bem notou Naomi Schaefer Riley no *Wall Street Journal*, em que tratou de uma discussão ocorrida na Universidade de Notre Dame, «cerca de trinta alunos saíram de *Monólogos da vagina* em protesto após a primeira cena. E aquele que conhecem a universidade não estão surpresos por terem sido os mais jovens, e não os mais velhos, os que registraram as objeções mais veementes. Os estudantes provavelmente representam a parte mais religiosa da [Universidade de] Notre Dame. [...] Os católicos mais jovens tendem a estar entre os mais conservadores»[26].

Do mesmo modo, é muito difícil imaginar que algo tão tradicionalista e ecumênico quanto a Anscombe Society, funda-

---

(25) *Ibidem.*

(26) Naomi Schaefer Riley, «Rev. John I. Jenkins, Catholicism, Inc.», *Wall Street Journal*, 12 de abril de 2008. Disponível em: <http://online.wsj.com/article/SB120796155333509621--search.html?KEYWORDS=Catholicism+Inc+riley&COLLECTION =wsjie/6month>.

da em 2004 na Universidade de Princeton, pudesse ter sido fundada em 1968 (quanto mais que um movimento dedicado à castidade e ao tradicionalismo também pudesse vir a ter satélites em muitos outros *campi* por meio do Love and Fidelity Network). Também não há dúvidas de que pelo menos parte do retorno ao tradicionalismo vem sendo incentivado por um dado crucial e pouco compreendido pelos círculos bem-pensantes do Ocidente: o fato de que pelo menos algumas das vítimas iniciais voltaram-se contra a própria Revolução. Como declarou o autor evangélico Joe Carter, num testemunho que muitos outros ecoariam,

> tendo crescido ou num lar divorciado ou cercado de amigos que cresceram em lares assim, nós, os conservadores da Geração X, reconhecemos o valor das estruturas familiares tradicionais. Talvez nem sempre consigamos construir nós mesmos relacionamentos permanentes, mas valorizamos mais os laços familiares do que a geração anterior[27].

Uma força semelhante a transformar esses jovens americanos em tradicionalistas, ao menos segundo alguns deles, é o fato de terem crescido num mundo caracterizado pelo aborto sob demanda. Isso nos leva a outra ironia que vale a pena contemplar após meio século da encíclica e que diz respeito ao que a ampla rejeição da *Humanae vitae* fez com o caráter do catolicismo nos Estados Unidos.

---

(27) Joe Carter, «X-Cons: The Conservative Mind of Generation X», *First Things*, 18 de maio de 2011. Disponível em: <http://www.firstthings.com/onthesquare/2011/05/x-cons-the--conservative-mind-of-generation-x>.

Como no caso das outras ironias, é útil aqui ter certo pendor para o absurdo. Em seu desejo simultâneo de jogar fora as partes de mau gosto do catolicismo e ficar com aquelas mais palatáveis, os católicos americanos fizeram algo de novo e realmente divertido: criaram um catálogo específico de reclamações que mais parece a de um órfão que, tendo matado o pai e a mãe, pede que a justiça tenha dele clemência porque é um órfão.

Desse modo, muitos católicos reclamam da escassez de padres, mas ao mesmo tempo ignoram a responsabilidade que têm nisso, isto é, o fato de que poucos possuem filhos em número suficiente para que um deles torne-se sacerdote e os outros se casem e levem adiante o nome da família. Muitos católicos também lamentam o fechamento das igrejas e das escolas católicas, pouco importando que paróquias inteiras, afirmando os direitos da consciência individual, tenham deixado de existir graças à contracepção. De igual maneira, apontam os escândalos sexuais dos padres como prova evidente de que é demais pedir castidade das pessoas, ao passo que ignoram completamente que foi a despudorada falta de castidade que na verdade criou os escândalos.

Com efeito, parte da desgraça do catolicismo contemporâneo – os escândalos envolvendo padres e meninos menores de idade – decerto remete à união entre leigos católicos que queriam uma doutrina diferente quanto ao controle de natalidade, de um lado, e uma nova geração de padres que pegam muito leve consigo mesmos, do outro. «Não farei fofocas sobre meu padre *gay* se eu ganhar absolvição pelos anticoncepcionais»: em muitas paróquias, parece ser esse o acordo tácito desde a *Humanae vitae*.

Um laicato mais obediente talvez questionasse por que um número tão significativo de padres a partir da década de 1960 dava a impressão de ser, em maior ou menor grau, abertamente *gay*. Um clero mais obediente talvez reparasse que muitos católicos recorrendo à contracepção artificial também estavam comungando. É difícil acreditar que esses dois novos desdobramentos – a rebelião aberta e disseminada contra os ensinamentos sexuais da Igreja por parte dos leigos, bem como a rebelião silenciosa contra os ensinamentos sexuais da Igreja por parte de um número significativo de padres – poderiam ter existido um sem o outro.

Já se ouviu milhares de vezes a insistência em que a *Humanae vitae* de algum modo iniciou uma rebelião ou que se tratava de algo novo sob o sol. Peter Steinfels certa feita enunciou o lugar-comum: «A encíclica que o Papa promulgou em 1968 e o furor que ela criou continuam a polarizar a Igreja americana»[28]. Nesse sentido, tudo estivera bem até Paulo VI recusar-se a se dobrar aos tempos correntes – e, nesse instante, teria se instalado o caos.

O que se deu, porém, foi o contrário. Como bem assinalou a filósofa G. E. M. Anscombe, assim como outros católicos daquela época e depois, tudo o que Paulo VI fez foi reiterar o que praticamente toda pessoa com autoridade na história do cristianismo dissera sobre o assunto até quase anteontem.

Tratava-se, em suma, de um *não*. Em 1908 – portanto, há cerca de pouco mais de cem anos –, a Conferência de Lambeth

---

(28) Peter Steinfels, «Vatican Watershed — A Special Report: Papal Birth-Control Letter Retains Its Grip», *New York Times*, 1º de agosto de 1993. Disponível em: <http://www.nytimes.com/1993/08/01/us/vatican-watershed-a-special-report-papal-birth-control-letter-retains-its--grip.html?pagewanted=all&src=pm>.

178 MARY EBERSTADT

afirmara sua oposição à contracepção artificial em palavras mais duras do que qualquer trecho da *Humanae vitae*: ela era «desmoralizante para o caráter e hostil ao bem-estar nacional»[29]. Ilustrando outra reviravolta histórica que provavelmente fez alguém rir em algum lugar, os pais fundadores do protestantismo disseram coisas que fazem os tradicionalistas católicos de 1968 parecerem não muito seguros de si. Martinho Lutero, em comentário ao livro do Gênesis, declarou que a contracepção era pior do que o incesto e o adultério. João Calvino chamou-a de «crime imperdoável»[30]. A unanimidade do ensinamento cristão a respeito do tema não foi abandonada até 1930, quando os anglicanos votaram pela permissão de que os casais unidos em matrimônio usassem o controle de natalidade em casos extremos, sendo nisso seguidos, ao longo dos anos, por uma denominação atrás da outra.

À luz da real tradição cristã, a questão não é por que a Igreja Católica, no fim das contas, recusou-se a ceder; antes, é por que praticamente todos os outros na tradição judaico-cristã o fizeram. Qualquer que seja a resposta, sobre a Igreja Católica

---

(29) Além disso, três das 78 resoluções da Conferência de 1908 abordavam o assunto com uma especificidade e um grau de hostilidade que certamente chocariam a maior parte dos anglicanos de hoje. Resolução 41: «A Conferência observa com alarme a crescente prática de restrição artificial da família e zelosamente conclama todos os cristãos a recusarem o uso de qualquer meio artificial de restrição, uma vez que são desmoralizantes para o caráter e hostis ao bem-estar nacional». Resolução 42: «A Conferência afirma que a violação da vida nascente é repugnante à moralidade cristã». Resolução 43: «A Conferência expressa o mais cordial apreço pelos serviços dos médicos que apresentaram seus corajosos testemunhos contra as práticas injuriosas mencionadas e apela confiantemente a eles e seus colegas médicos para que cooperem na criação e manutenção de uma opinião pública sadia, em nome do uso reverente da condição de casado» (*The Lambeth Conference: Resolutions Archive from 1908*. Publicação do Anglican Communion Office, 2005. Disponível online em: <http://www.lambethconference.org/resolutions/index.cfm>).

(30) Citado em Charles D. Provan, *The Bible and Birth Control*, Zimmer Printing, Monongahela, 1989. Disponível em: <http://www.jesus-passion.com/contraception.htm>.

8. CONFIRMAÇÃO DA *HUMANAE VITAE* 179

recaiu, e continua a recair, a responsabilidade pública por um suposto colapso, quando na verdade, em termos teológicos e históricos, ela foi a única a não desabar.

* * *

Desde 1968, alguns dos católicos que aceitaram aquela que é, nas palavras de Anscombe, «a única doutrina a figurar como ensinamento da Igreja sobre esses assuntos»[31] volta e meia mostram-se perplexos quanto ao motivo de a *Humanae vitae* ter sido tão mal recebida pelo resto do mundo. Certamente o momento da publicação contribuiu para isso, como bem observou George Weigel. Outros mencionam também a atuação de uma mídia implacavelmente secular e a ausência de um púlpito nacional para os católicos. Há quem sugira ainda que a *Teologia do Corpo* de João Paulo II, explicação elaborada e altamente positiva do ensinamento moral cristão, pode ter eliminado um pouco dos ferrões da *Humanae vitae* e conquistado a obediência do rebanho.

No fim das contas, porém, é difícil acreditar que a força fundamental por trás dessa execração consista numa ou noutra frase da *Humanae vitae* – ou em Agostinho, ou em Tomás de Aquino, ou na encíclica *Casti connubii*, de 1930, ou mesmo em qualquer outro ponto da longa história do ensinamento cristão sobre o assunto. O mais provável é que a questão fundamental seja aquilo mesmo que explicou o arcebispo Chaput: «Se Paulo VI estava certo a respeito de tantas conse-

---

(31) Janet E. Smith, *Why Humanae Vitae Was Right: A Reader*, Ignatius Press, São Francisco, 1993, pág. 132.

180 MARY EBERSTADT

quências da contracepção, é porque estava certo a respeito da própria contracepção»[32].

É exatamente essa a conexão que pouca gente quer fazer hoje, uma vez que o sexo contraceptivo – e quanto a isso concordam comentadores de toda parte, sejam religiosos ou não – é o fato social fundamental de nossa era. Ao mesmo tempo, o desejo feroz e disseminado de mantê-lo assim é responsável por muitos resultados perversos. Não obstante os dados empíricos estejam inequivocamente do lado de Paulo VI, há uma resistência extraordinária a reconhecer que o ensinamento moral católico possa estar certo a respeito de qualquer coisa, por mais detalhados que os registros sejam.

A julgar pelo espetáculo humano de hoje, quando já se vão décadas desde a publicação do documento cuja ampla rejeição teria, segundo dizem, partido o coração de Paulo VI, não se pode deixar de imaginar como ele e seus teólogos se sentiriam se vislumbrassem uma fração que fosse das evidências hoje disponíveis. Será que algo não lhes suscitaria um sorriso minimamente retorcido?

Afinal, somente um coração de pedra não acharia engraçado ao menos parte do que vem acontecendo hoje em dia. Numa esfera após a outra, encontramos uma confirmação contínua do ensinamento mais indesejado, ignorado e universalmente ridicularizado dos últimos cinquenta anos. A pílula, que supostamente apagaria todas as consequências do sexo, acabou por ter consequências de peso; muitos católicos, constrangidos pelas acusações de arcaísmo e motivados pelo desejo de se li-

---

(32) Charles J. Chaput, OFM Cap., «On Human Life: A Pastoral Letter to the People of God of Northern Colorado on the Truth and Meaning of Married Love», 22 de julho de 1998. Disponível online em: <http://guweb2.gonzaga.edu/~dewolf/chaput.htm>.

bertar para o sexo tanto quanto os outros, acorreram para as portas de saída depois da publicação da *Humanae vitae*. Tudo isso, porém, enquanto o mundo, com os caminhos perversos de sempre, começou a acumular mais evidências em favor da doutrina da Igreja do que outrora se poderia imaginar; tudo isso enquanto outras pessoas se aproximavam da Igreja porque ela firmava-se exatamente como aquele «sinal de contradição» que a tantos desagradava.

Porém, em vez de darem razão à Igreja, desmoralizam-na; em vez de clareza, há confusão em massa; em vez de mais obediência, vê-se cada vez menos. Realmente, a perversidade é... perversa. Em que outra área a humanidade opera nesse nível de contradição extrema, diária e constante? Onde está o Boccaccio desse *Decamerão* pós-pílula? Realmente, quando você para e pensa, é tudo muito engraçado. Por que não estão todos aqui rindo, então?

Epílogo

Será que o relato contracultural oferecido neste livro dá conta de tudo o que foi produzido pela Revolução Sexual?

Seria impossível fazê-lo num único volume, e não vou fingir ter conseguido algo do gênero aqui. Além disso, uma vez que a obra diz respeito às consequências mais sombrias desse vasto movimento social, seu escopo é intrinsecamente limitado. De modo um tanto óbvio – e o enredo convencional não permite dúvidas quanto a isso –, a Revolução Sexual deixou muitas pessoas contentes num sentido específico e profundo: libertou os consumidores dos contraceptivos modernos das consequências naturais de seu comportamento sexual. As páginas deste livro não colocam em xeque esse fato evidente. Afinal, se essa liberdade sexual inaudita não fosse exatamente o que a maioria dos clientes queria, a pílula e suas companheiras teriam permanecido nas caixas.

Menos óbvio, porém, é o que mostram as páginas precedentes, isto é, que o *tipo* específico de felicidade trazido pela

Revolução Sexual é algo que as pessoas não questionam hoje, embora devessem fazê-lo. Recorrendo a mais uma analogia entre o tabaco e o sexo, pode-se dizer que a Revolução Sexual deixou muita gente feliz mais ou menos do mesmo jeito que fumar deixa os fumantes felizes: os fumantes estão quase todos felizes com seu fumo... até que uma crise mais ou menos inevitável lhes acomete por conta dessa atividade. Como os registros aqui apresentados parecem mostrar, algo semelhante a *esse* tipo de felicidade se aplica às repercussões de nossas novas liberdades no campo da sexualidade, bem como a seus inéditos problemas concomitantes.

Praticamente todos os que estão vivos hoje – com a possível exceção dos leitores que, tão logo atingiram a idade da razão, ingressaram num mosteiro trapista e vêm morando numa cela sem janelas ou internet desde então – têm algum tipo de envolvimento com a Revolução Sexual. Todas as famílias dos Estados Unidos, a essa altura, foram moldadas por alguma ou algumas de suas facetas – pelo divórcio, pela paternidade ou maternidade fora do casamento, pelo aborto, pela coabitação, pela disseminação da pornografia, pela homossexualidade aberta... O fato de estarmos todos juntos nessa também confere às pessoas um forte motivo para negar os verdadeiros custos da situação. Afinal, quem quer ofender os outros? Quem quer que o irmão divorciado, o primo homossexual ou o pai recasado fiquem mal? A resposta é *ninguém*, é claro – e o desejo de não fazer mal às pessoas que vivem abertamente o credo liberacionista é ainda outra razão por trás da negação examinada no capítulo 1.

No entanto, como o resto da história aqui apresentada revelou, o legado da Revolução é muito maior do que se costuma entender. O astro do esporte com um leque de garotas a seu

EPÍLOGO

dispor; a jovem cuja atratividade sexual ajuda em sua escalada corporativa; a executiva sem filhos cuja rica vida social foi catapultada porque não tem o ônus de uma família; o casal abastado e sem filhos que tira férias nas Ilhas Galápagos ou no Himalaia, e não nos parques locais – esses são, de fato, alguns dos rostos dos filhos da Revolução Sexual, e na foto eles parecem realmente felizes.

No entanto, há ainda outros rostos, com histórias que, segundo revelam os capítulos anteriores, são cada vez mais bem documentadas por cientistas sociais e outras autoridades seculares, quer eles queiram, quer não. Entre esses rostos estão os das jovens exploradas, na universidade ou alhures, por homens cujas expectativas foram deformadas pelas falsas premissas da Revolução; os das mulheres mais velhas que compraram a retórica da igualdade sexual só para descobrir, quando já era tarde demais, que não se tornarão esposas nem mães; os dos homens em atividades escusas que descobriram, também tarde demais, que no fim das contas não terão como recuperar a própria família. E há ainda as crianças que enfrentaram, e continuam a enfrentar, os mais elevados riscos porque a Revolução Sexual ajudou a tumultuar suas vidas ou a capacitar adultos que tinham, para elas, planos sinistros.

Essas outras pessoas, vítimas invisíveis do que, segundo Sorokin, ainda pode vir a ser o experimento humano mais grandioso e menos compreendido de nossa época, também figuram – ou deveriam figurar – nos cálculos do que a Revolução produziu. Elas e outras semelhantes são as motivações humanas deste livro. Minha esperança é a de que as evidências apresentadas nesta obra possam contribuir modestamente para trazer à tona essa outra parte do legado da Revolução – e, com isso, alcançar um entendimento do homem e da mulher modernos que seja mais claro do que aquele que existe em meio ao mal-entendido, tantas vezes voluntário, a respeito do que a Revolução de fato gerou.

Agradecimentos

Agradeço, em primeiríssimo lugar, a meu amigo Joseph Bottum, ex-editor da *First Things*. Sua confiança em permitir, durante os anos em que foi editor, que eu desenvolvesse o raciocínio de *Adão e Eva depois da pílula* nas páginas da revista foi a condição *sine qua non* deste livro. Agradeço também ao restante da equipe da *First Things* à época, em especial Mary Rose Somarriba, cuja paciência com os primeiros ensaios contribuiu para que ganhassem nova vida nestas páginas. A *First Things* também permitiu de bom grado que eu utilizasse as primeiras versões de cada capítulo. Entre eles estão, em seus títulos originais, «A vontade de não crer» (apresentado, pela primeira vez, como palestra na Love and Fidelity Network, em Princeton, no mês de dezembro de 2008), «O que a mulher quer?», «Como a pedofilia saiu de moda», «O peso da obscenidade» e «Confirmação da *Humanae vitae*».

A Fundação William E. Simon deu crucial apoio a este livro durante os meses em que completei o manuscrito, e a ela sou grata. Agradeço também à Fundação Lynde e a Harry Bradley por seu apoio a este e outros trabalhos durante o ano de 2012.

Tod Lindberg, editor da *Policy Review*, é outro amigo de longa data que me incentivou a escrever esta obra. Ele compreende o fascínio intelectual daquilo que Friedrich Nietzsche chamou de «transvaloração dos valores», isto é, a face moral de um mundo sem os freios do código judaico-cristão. Meu interesse pelo assunto deu origem às primeiras versões de dois destes capítulos: «A comida é o novo sexo?» e «A pornografia é o novo tabaco?». Ambos foram publicados em 2009 na *Policy Review* (edições 153 e 154, respectivamente), a qual me concedeu permissão para seu uso. Agradeço ainda a John Raisian e a Stephen Langlois, da Hoover Institution, por seu apoio a minha pesquisa durante os anos em que esses capítulos foram escritos.

Outros amigos e conhecidos consultados, em conversas e/ ou correspondências, a respeito deste ou daquele aspecto destas páginas são Susan Arellano, David Blum, Gerard Bradley, Joe Carter, Catherine Chieco, Michael Duffy, Patrick Fagan, Andrew e Denise Ferguson, Robert George, Pe. Justin Huber, Liam Julian, Stanley Kurtz, Demetra Lambros, Mary Anne Layden, Tina Lindbert, Kathryn Jean Lopez, Ashley McGuire, Kara McKee, David Mills, Michael Novak e a finada Karen Novak, Tina e P. J. O'Rourke, Pe. Arne Panula, Robert Royal, Austin e Cathy Ruse, Pe. Peter Ryan, Pe. William A. Ryan, Apoorva Shah, Luis Tellez, Gayle e Joel Trotter, George Weigel e W. Bradford Wilcox, entre outros que recordo ter importunado vez ou outra com o trabalho que consta nestas páginas.

Uma vez que a Ignatius Press tornou-se outro lar em que

me sinto feliz, também gostaria de agradecer ao Pe. Joseph
Fessio, a Mark Brumley, a Diane Eriksen e ao resto da equipe por sua confiança e seu incessante zelo com o manuscrito,
bem como por suas intuições e esclarecimentos sempre úteis.

Quanto àquele lar que é tanto literal quanto figurado,
agradeço – como de costume – a Nicholas, Frederick, Catherine, Isabel e Alexandra.

ESTE LIVRO ACABOU DE SE IMPRIMIR
A 29 DE ABRIL DE 2019.